本研究课题获得中国科学院自然科学史研究所
中外科技比较研究中心资助

技术转移与技术创新历史丛书 ● 张柏春　主编

晚清西方电报技术向中国的转移

Telegraph Technology Transfer
from the West to China in Qing Dynasty

李雪　著

山东教育出版社

编　委　会

主　编：张柏春

编　委：（按姓氏笔画为序）

王　斌　方一兵　尹晓冬　田　淼

孙　烈　李成智　李　雪　邹大海

张柏春　韩晋芳

总　序

近现代技术发端于西方,并向世界各地转移。接受西方技术的国家或地区逐步消化吸收外来的技术,并使之本土化,实现技术自立,进而可能形成自己的技术创新能力。技术转移与技术创新已成为决定综合国力的一个重要因素,对社会变革和文化转型也产生了巨大影响。

自16世纪以来,技术转移成为中国技术发展的一条主线,从模仿到技术创新的根本转变越来越成为国人的追求。16—18世纪欧洲枪炮、仪器与钟表等的制造技术就被传教士和商人转移到中国,并且在一定程度上实现了本土化。19世纪60年代以来,西方技术更大规模地向中国转移。中国人试图通过引进先进技术而实现"自强",甚至迎头赶上西方工业化国家。20世纪后半叶,中国继续大规模引进、消化吸收国外先进技术,较快地形成自己的技术能力。近十多年来,中国更是将提升技术创新能力、建设创新型国家当做一项国策。

技术转移与技术创新因历史阶段、社会文化的地区差异而呈现出不同的路径与模式。要认知技术转移与技术创新的本质和模式,就须开展大量的历史专题研究,特别是个案研究。自2002年以来,中国科学院自然科学史研究所组织团队开展了如下的技术转移与技术创新个案研究:

16—17世纪西方火器技术向中国的转移(尹晓冬负责);

晚清德国克虏伯技术向中国的转移(孙烈负责);

近代铁路技术向中国的转移——以胶济铁路为例(王斌负责);

晚清西方电报技术向中国的转移(李雪负责);

中日近代钢铁技术史比较研究:1868—1933(方一兵负责);

中国高等技术教育的苏化：以北京地区为中心（韩晋芳负责）；

制造一台大机器——20 世纪 50—60 年代中国万吨水压机的创新之路（孙烈负责）；

中国航天科技创新（李成智负责）。

如今，该系列的个案研究告一段落，所取得的主要成果形成 8 部专著，结为《技术转移与技术创新历史丛书》。这套丛书在研究视角与方法、史料与学术观点等方面都有所突破。首先，与以往国内的技术成就史与引进史研究不同，作者们从技术转移或创新的视角，梳理基本史实，分析"进口—适应—技术自立"的"横向"跨国技术转移、"理论研究与教育—实用技术—产品"的"纵向"技术转移、"转移—消化吸收—创新"的转变，以发现中国技术转移与创新的模式和机制。其次，作者们发现了大量新史料或重新解读了已有史料，包括胶济铁路的德文档案、大北电报公司的档案、汉阳铁厂外籍工程师回忆录、克虏伯公司的档案、机械部关于水压机的档案、教育部关于院系调整的档案等，这为提出新的学术见解和进一步的理论研究奠定了坚实的基础。

《技术转移与技术创新历史丛书》也是国际合作研究的结果。比如，"16—17 世纪西方火器技术向中国的转移"的研究是与德国马普学会科学史研究所合作完成的；"晚清德国克虏伯技术向中国的转移"与"近代铁路技术向中国的转移"的研究得到了德国柏林工业大学的支持；"中日近代钢铁技术史比较研究：1868—1933"获益于与日本同行的交流。

《技术转移与技术创新历史丛书》主要仰赖中国科学院规划战略局与基础局"中外科技发展比较研究"项目（GZ01—07—01）的支持，也部分地得到了中国机械工程学会和北京航空航天大学人文学院的支持。作者们正在以本丛书为基础，以更开阔的视野开展中外技术发展的比较研究，审视技术在不同的文化传统中的发生、发展、转移与创新，以认知科学技术的本质，求得历史借鉴与思想启发。

中国近现代技术史研究是一项长期的学术使命。这套丛书只是从技术转移与技术创新的角度做了非常初步的尝试。因研究积累和学识所限，故本丛书中难免有疏漏与不足，敬请广大读者和学界同仁不吝赐教。

张柏春

目 录

Contents

引　言

　　19 世纪电报技术的发明开创了通信事业的新纪元，在技术史上占有重要地位。

　　1845 年，世界第一家电报公司——电气电报公司（The Electric Telegraph Co.）在英国成立。英国电报在铁路建设的带动下进入快速发展阶段。19 世纪 50 年代，英国本土电报网络基本建成。欧洲也在 60 年代完成主要电报干线的建设。之后，电报工程开始由本土向外扩展，建立国际电报网络成为电报发展的主要趋势。60 年代末，世界电报网络扩展到一个前所未有的规模，电报通信在政治、经济、外交、军事等方面的重要作用日益显现，并逐渐成为西方国家殖民扩张的重要工具。

　　第二次鸦片战争之后，电报技术传入中国，开中国使用现代通信工具的先河。晚清电报建设经历了三个重要阶段，从 19 世纪 60 年代的全面禁止，到 70 年代逐渐接受并开始使用西方电报机构的电报设备传递信息，再到 80 年代自主修建电报线路。1881 年，津沪电报线的开通成为中国通信史上的大事，也被认为是中国电报建设的重要起点。

　　多年来，津沪电报、中国电报总局以及官督商办制度一直是国内学者研究的重点。然而，选择从技术转移的角度来探讨晚清电报技术，不仅要分析作为技术引进方——中国的情况，还必须研究技术输入方——西方电报机构的情况。2008 年 7 月，笔者赴上海查找资料，无意中找到了丹麦大北电报公司（The Great Northern Telegraph Company）自 1869 年创办至1961 年被中国政府接管期间的所有档案，更加深入地了解到这段晚清电报史。丹麦大北电报公司是第一批进入中国的西方电报机构，并且与中国电报总局有长期的合作关系，在晚清电报技术转移过程中起到了重要作用。

这批档案能够帮助我们解决很多问题,例如,大北电报公司究竟如何将电报技术介绍到中国?它又是如何在中国敷设第一条海底电缆?它在整个技术转移过程中扮演一个什么样的角色?它的作用和贡献是什么?它与中国电报总局究竟是什么关系?它的态度和决策对中国电报事业的发展产生过多大影响?澄清这些问题,对理解中国现代化道路是有现实意义的。

本书从以下方面展开具体研究:介绍晚清传统邮驿的发展状况以及西方电报技术与殖民扩张的关系;梳理中国电报事业发生和发展的情况,大北电报公司在中国的早期活动;研究电报知识与设备器材的输入过程;分析电报技术与中国社会环境相互适应及本土化的程度;将津沪电报作为重点案例,介绍它的修建过程、经营情况,分析其成功的原因和存在的问题;从资本、人力和技术三方面对大北电报公司与中国电报总局进行比较分析。最后,通过研究得出西方电报技术转移的一般模式。

第一章　晚清邮驿系统与西方电报网络的扩张

清朝邮驿系统是在明朝邮驿系统的基础上建立和发展的，主要为官僚系统服务，在清康熙、雍正、乾隆三朝的百余年间发展到顶峰。邮驿一直是清朝通信的主要方式，直到 19 世纪 60 年代末西方电报技术传入中国。电报技术发明于 19 世纪 20 年代，40 年代得以广泛应用。50—60 年代，欧美等多国相继完成本国电报网络的建设，开始由西向东扩展。电报通信的便捷高效，以及 80 年代因战争而产生的通信需求，使得清政府对电报通信的态度从全面抵制最终转变为积极建设。中日甲午战争之前，中国电报网络已经基本建成，与此同时，传统邮驿逐渐衰落，最终被电报通信所取代。

第一节　晚清邮驿及其衰落

进入 19 世纪，清政府在两次鸦片战争中战败，社会经济遭受重创，邮驿腐败加剧。与此相对的是，通商口岸开放，自然经济逐步解体，商品经济繁荣，外国公使人员及商人东来，导致通信需求剧增，传统邮驿已经不能满足社会需要。电报技术的传入，加速了传统邮驿的衰落。

3

一、清朝邮驿组织

清朝以前的"邮"和"驿"是两个不同的组织，邮是传递公文的通信组织，驿只负责提供各种交通或通信工具，文书由官府派遣的专差传送。清朝建立之后，驿站从间接地为通信使者服务，转为直接办理通信事务，接收并传递紧急公文。邮、驿合而为一，这是古代邮驿制度进一步发展的重要标志[1]319。首先，通信组织（马夫、驿卒）与驿站的交通或通信工具（马、车、船等）紧密结合，通信效率得到显著提高。其次，真正形成了与步递通信网并行的马递通信网，紧急文书的传递有了可靠的组织保证。第三，节省了人力、物力，并在一定范围内减少了专差对驿站的骚扰。

清朝邮驿的主管机构是车驾清吏司，掌管全国邮驿及马政，设在兵部。兵部是主管全国行政的中央六部之一，掌管军事和武职官员的任免。随着清朝中央集权的加强，六部由皇帝直接控制，各部长官均无权向地方官直接发布命令。兵部名义上是全国最高军事机构，但自设立军机处之后，全国的军事方针、用兵方略，均由军机处根据皇帝旨意决定，兵部实际无任何兵权。车驾清吏司下设驿传科、脚力科、马政科、马档房、递送科等机构，分办本司事务。

清朝邮驿主要为朝廷服务，在京城专门设立会同馆、捷报处和皇华驿，处理京师邮驿事务。

会同馆，管理京师驿传事务，设侍郎一人，于兵部侍郎内选派，一年更换一次。另设满、汉监督各一人，由兵部于司内选派，也是一年更换一次。

捷报处，设在京师东华门外，掌接驰奏之折而递于宫门。内设郎中、员外郎、主事、笔帖式，均无定员，由兵部酌委。

皇华驿，既是京师所在地的驿站，也是全国驿传的总枢纽，设驿马500匹，马夫250名，车150辆，车马150匹，车夫150名。皇华驿每日拨马以备车驾清吏司、捷报处之差。

在地方上，各省邮驿归地方督抚下设的按察司管理。督抚，即总督和巡抚，为朝廷派往地方的临时"差遣"官，由皇帝特旨任命。一般两省或三省设总督一人，也有辖一省的；巡抚则每省一员，也可以由总督兼任。督抚虽然是兼职，却是清朝官僚集团中的一个重要组成部分，既是省的最高行政长官，又是连接朝廷与地方的中介。鸦片战争之后，督抚的权力逐渐增大，不仅能左右和影响朝廷决策，有时甚至直接干预朝政或拒不听命于朝廷。

清朝邮驿的组织形式，是指以驿站为主的信息传递方式的总和，由驿、站、塘、台、所、铺6种形式构成。它们以京师为中心，遍布各省以及将军、都统、大臣辖地。

驿，设在京师和各省要地，主要任务是传递通信，迎送使臣和运送官物。其中，又以传送紧急公文为首要任务。

站、塘、台是连接边疆与内地的一种特殊的交通与通信组织形式。站，为军报所设，主要用来传送军事文报。塘，设于新疆、甘肃等边疆地区。西、北两路所设为台。其共性是，由军卒充役，以飞递军事文报为首要任务，兼具巡逻、侦察、运输等多种职能，多数是在古驿站或商路的基础上兴建起来的。

所，即运递所，用来运递官物，后裁并归驿，只有甘肃一带还保留这种形式。

铺，即急递铺，为步递通信组织，靠人力步行传送地方官府和朝廷的日常公文，密布于各省的府厅州县之间。

这6种基本组织形式相互补充，形成以驿站为主的水旱驿路网和以急递铺为主的步班递铺网，站、塘、台、所作为驿、铺的补充，起到联系边疆和少数民族地区的作用。

二、清朝邮驿网络的分布

清朝邮驿组织规模庞大、网络纵横、四通八达，无论是广度还是深度都超过以往的任何朝代。据学者刘广生研究统计，晚清邮驿系统由近2 000个驿站、70 000多名驿夫、近14 000个递铺和44 000多名铺兵组成，其分布情况如表1-1所示。

表1-1 晚清全国邮驿分布情况表[1]350

地区	驿站	急递铺（所）	铺兵（人）
京师皇华驿	1		
直隶	186	938	3 311
盛京	29		
吉林	52		
黑龙江	44		
山东	139	1 026	2 904

（续表）

地区	驿站	急递铺（所）	铺兵（人）
山西	125	1 059	2 908
江苏	40	567	2 140
安徽	83	691	2 700
江西	47	693	2 406
福建	68	753	3 003
河南	120	885	3 025
湖北	70	646	2 409
湖南	62	1 233	4 274
浙江	59	847	3 121
陕西	130	538	1 753
甘肃	184	374	1 231
四川	65	1 450	3 809
广东	10	918	2 191
广西	19	1 060	1 009
云南	81	415	1 009
贵州	23	469	1 389
内蒙古	43		
外蒙古	130		
新疆	160		
总计	1 970	13 935	44 643

清朝邮驿网络，以京师皇华驿为中心，向全国辐射。皇华驿位于北京东华门，是全国驿路的总枢纽，其主要干线网络分布如下：

1. 东路

自皇华驿东行，经通州潞河等 10 个驿站，出山海关，又经 10 个驿站至盛京驿，全长 1 460 里①；再由盛京驿起，经 12 个驿站 785 里至吉林省

---

① 因本书涉及到的内容和相关资料多发生在旧时，故长度单位用"里"、"英里"来表示，其中 1 里＝500 米，1 英里＝1 609.344 米。

城乌拉驿站；再由吉林起，经 18 个驿站 1 072 里至黑龙江将军驻扎地齐齐哈尔驿站。这是一条贯通东北三省的干线驿路，全长 3 317 里。

2. 东北路

自皇华驿至热河共 450 里，由古北口外案匠屯接蒙古驿站。

3. 北路

自皇华驿至独石口共 520 里，由独石口接蒙古驿站，此路由土木驿正北行。

自皇华驿至张家口共 430 里，由张家口接蒙古驿站，此路由土木驿偏西北行。

4. 南路

自皇华驿 140 里至涿州涿鹿驿站，经雄县、河间、献县、德州等驿站，至山东省城济南府，全长 930 里。由山东省城出发分二路，一路至江宁、安徽、江西、广东，为山东中路；一路至江苏、浙江、福建，为山东东路。

自皇华驿行 330 里至保定，经正定、栾城、邢台、安阳等驿站，通往河南省城开封府，全长 1 495 里。由河南出发分二路，一路达湖北、湖南、广东、广西；一路达云南、贵州。

自皇华驿至山西省城分二路，一路经居庸关外；一路经保定、正定、越太行山，经获鹿、井陉、平定州，通往山西省城太原府，再由太原出发以达陕西、甘肃、四川；又由甘肃以达新疆、青海、西藏。

5. 水路

自皇华驿，经通州潞河驿站，沿大运河，通往山东、江苏、安徽、浙江、江西、福建、湖北、湖南等省。

总体而言，清朝对明朝邮驿体制的改革是成功的，不仅提高了通信效率、发展了边疆邮驿，而且建立了完整的全国邮驿网络。

三、晚清邮驿的衰落

清朝的驿站随着封建制度的没落而日趋腐败，其衰落主要有两个原因：一是传统邮驿制度本身的弊端，二是受到近代通信技术的冲击。

朝廷在兵部设置车驾清吏司，总管全国邮驿和马政，在各省派按察使，兼管地方邮驿事务，希望利用地方权力加强对驿站的管理，以地方辅助中央。然而，在传统邮驿体制中，车驾清吏司与地方各级驿官在行政上没有隶属关系。这样，不仅不能保证中央邮驿政策在地方上的无条件执行，反而为地方邮驿的腐败创造了条件。另外，传统邮驿主要为军政服务，没有任何商用线路，所有支出均由官府给付，但几乎所有驿银在到达驿站之前，就已经被层层克扣、所剩无几。没有充足的经费保障，邮驿衰落不可避免。值得注意的是，这种官办官用的观念，在电报创办初期依然存在。

另外，驿站既要传递公文，又要接待迎送驿站的官员、维修驿道、饲养驿马，公务繁琐而人员相对不足。驿夫常年奔走于外，收入微薄，生活艰苦。清朝末期，驿夫多以怠工和逃亡的形式进行反抗，严重影响了驿站的工作效能，使原本十分脆弱的通信能力进一步被削弱。同时，社会的进步、生产的发展，又对通信（官府通信）提出新的要求。但是受到政治、经济、交通等条件的限制，驿站只能设在位于交通枢纽处的少数地方，通信传送的普遍性与驿站设置的局限性，成为中国古代通信长期存在的一个突出矛盾。

鸦片战争之后，五口通商，沿海口岸呈现出繁荣景象，人与人之间往来频繁，信息量增大，进一步加剧了通信服务与需求之间的矛盾，为西方电报技术的传入创造了机会。19 世纪 60 年代，国际电报网路迅速建立，开始由西向东扩展，并于 19 世纪 60 年代末传入中国。租界成为西人架设电报的首选之地，不久通商口岸也成为西方各国争夺之地。1870 年，丹麦大北电报公司在中国成功敷设第一条海底电缆——沪港海线，并将其接入国际电报网络中。1874 年，日本侵台，中国海防告急，大北电报公司获准在福建修建电报。1881 年 12 月，清政府完成了第一条省际电报干线——津沪电报。两年后，电报通入京师。随后，省际电报陆续建成。

日渐完善的电报网络对传统邮驿造成了巨大冲击，所有紧要公文均通过电报传递，传统邮驿最重要的急递功能逐渐消失。轮船、铁路等运输工具的广泛使用，使得靠畜力和人力传递信息的驿站只能在西部、西南等交通不便的地区继续发挥作用。正如郑观应在《盛世危言》中所述：

"盖电报设而驿差轻其半，轮船通而驿差轻其七八，若铁路之干支渐次告成，而驿传势难再留。"[1]360

不久，近代邮政管理制度也传入中国，它与近代电报技术一起形成一股强大的外力，推动着传统邮驿体系的变革。1896 年，大清邮政正式开办。机要文报的传递逐渐被近代电报取代，普通文报的传递功能则被近代邮政替代，驿站的作用日渐消失。1913年1月，北洋政府宣布将驿站全部裁撤。

第二节　西方电报网络及其扩张

电报通信是19世纪科学技术发展和产业革命的成果，也是资本主义扩张的产物。电报的应用使得西方各国在争夺商品市场和原材料方面处于绝对有利的地位，成为他们了解商业和军事情报的有效工具。第二次鸦片战争之后，电报技术开始传入中国。

一、西方电报网络的建立

电报的发明主要经历了三个阶段：静电电报，电化学电报，电磁电报。静电电报利用静电的吸附功能传递信息，电化学电报则是将水电解时负极产生的氢气泡作为电报的指示器来传递信息。这两种电报的实用价值均不高，所以一直停留在试验阶段。19世纪20年代，电磁学的一些重要发现使得电报技术进入到一个全新时代——电磁电报。电磁电报是利用电流变化所引起的磁针偏转来传递信息，磁针偏转的不同位置对应不同的字母。虽然，电磁电报与静电电报、电化学电报相比有了很大进步，但信息传递的速度和准确度都不高。直到19世纪40年代，美国人莫尔斯（Samuel F. B. Morse）设计出莫尔斯电码，电报技术才真正得到广泛应用。

1845年，世界第一家电报公司——电气电报公司在英国成立。英国电报在铁路建设的带动下进入快速发展阶段。当时，英国每新建一条铁路，就会在铁路旁边竖杆架线。19世纪50年代，英国本土电报网络建成。欧洲也在19世纪60年代完成了主要电报干线的建设。之后，电报工程开始由欧洲本土向外扩展，建立国际电报网络成为电报发展的主要趋势。

1851年，世界第一条横跨英吉利海峡的海底电缆敷设成功，电缆两端连接法国北部港口加莱和英国港口多佛，英、法之间可以隔海直接通报。不久，英国、比利时、荷兰之间也敷设了海底电缆。1855年，丹麦与瑞士，瑞士与挪威之间完成海底电缆敷设。这一时期，不仅是海底电缆，国际陆线网络也迅速建成。欧洲国家纷纷将他们的陆线电报相连接，以加快相互之间的交流。1859年，丹麦将陆线电报扩展到芬兰，并通过芬兰与瑞士间的海底电缆与瑞士接线。同时，丹麦又通过波的尼亚海湾海线与俄国通报。1866年，大西洋海底电缆敷设成功，不仅连接了欧、美大陆，更证明了敷设远距离海底电缆的可行性。

19世纪60年代末，世界电报网络扩展到一个前所未有的规模，电报通信在政治、经济、外交、军事等方面的重要作用日益显现，并逐渐成为西方国家进行殖民扩张的重要工具，英国就是其中之一。地中海作为英国重要的殖民利益中心，从19世纪60年代开始成为英国电缆公司投资的重点，多家电缆公司前往地中海敷设海底电缆。1861年，马耳他—的黎波里—亚历山大海底电缆敷设完成。1868年，又完成第二条马耳他—亚历山大海底电缆。1866年，大西洋海底电缆敷设的成功给了英国电缆公司更大信心，它们决定将电缆继续向东敷设至印度，以加强英国本土与印度原料市场的联系。这一计划很快获得成功，英国电缆可以通过直布罗陀—马耳他—亚历山大—亚丁到达印度（图1-1）。

二、西方电报公司向东亚的扩张

19世纪60年代，电报网络开始由西向东扩展。鸦片战争的失败，迫使清政府签订了《天津条约》（1858）、《北京条约》（1860）等一系列不平等条约，不仅增开11个通商口岸，还开放了长江。这样，加上先前割让的香港和开放的广州、厦门、福州、宁波、上海5个口岸，外国人可以南起广州、厦门，中经上海、烟台，北至天津、营口，东起上海、南京，沿长江西上，直至中国内地各处游历、通商[2]10。在政治和经济的双重需求下，中国成为继印度之后西方各国争夺的新市场。各国驻华大使纷纷前往总理衙门宣传电报、请求修建电报线路，各国电报公司更是直接在中国成立分公司，伺机敷设海底电缆。

1. 各国大使请求修建电报线路

最早向清政府提出修建电报线路请求的是沙皇俄国。早在1862年，俄国公使把留捷克（General L. de Baluseck）① 就多次照会总理衙门，请求架设由北京至天津的电报线路，但都被拒绝。1865年，俄国新任公使倭良嘎哩（General A. Vlangaly）② 向总理衙门递送《通线揭要》一文，介绍了法、英、俄各国的电报建设情况，劝导清政府认清电报对保持统治权力

---

① 把留捷克，清咸丰十一年六月一日（1861年7月8日）到达北京，任俄国驻华公使，清同治二年四月十四日（1863年5月31日）卸任。

② 倭良嘎哩，清同治二年十月二十日（1863年11月30日）接任，清同治八年三月十日（1869年4月21日）离任。

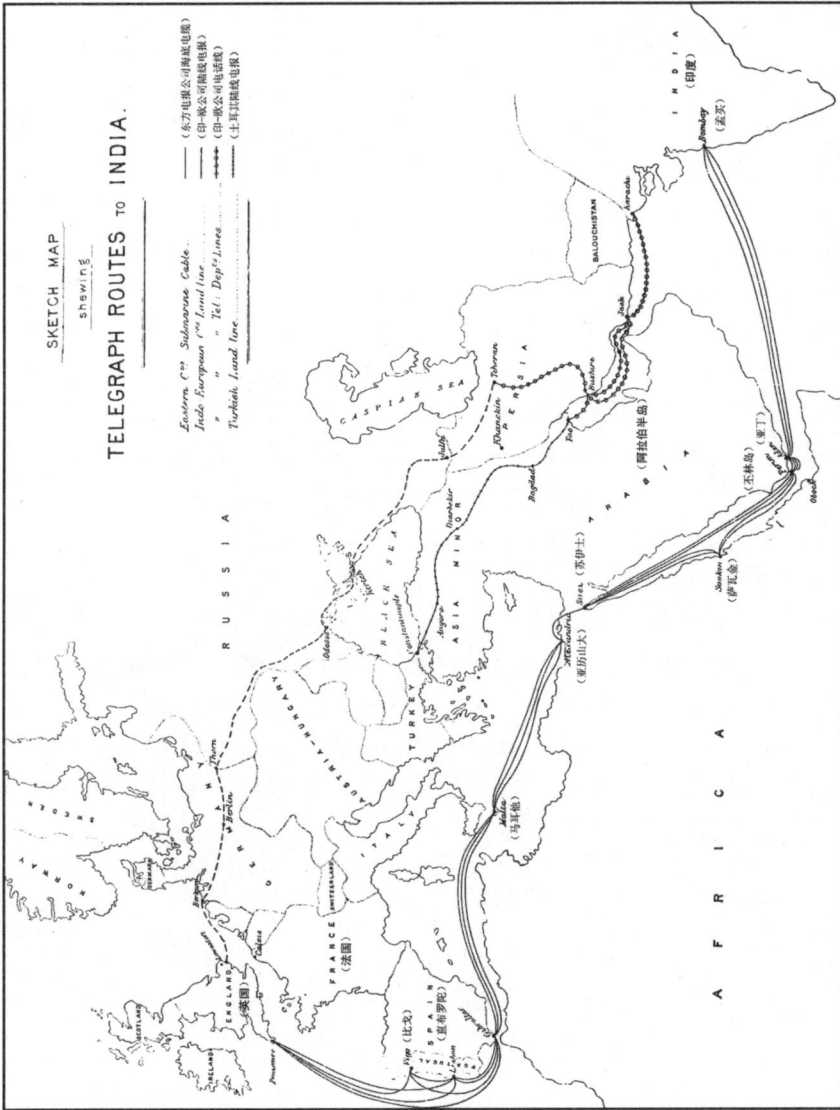

图 1-1　1870 年英国与印度之间的电报线路示意图 [4]

的重要性，应尽快创办电报，但被婉言谢绝。同年，倭良嘎哩又建议中俄两国合办恰克图—天津—北京电报，俄国负责采购器材、安排工匠和管理线路，再次遭到拒绝。

除俄国之外，英、法、美等国也向总理衙门提出修建电报线路请求。1863 年，英国公使卜鲁斯（Sir Frederick Bruce）[①] 提出由恰克图经北京至海口修建电报线路。1864 年，英、法、美三国联合，以英商经营消息不便为由，请求修建上海至吴淞口电报线路。1864 年，上海税务司狄妥玛（Dick Thomas）请求由吴淞口修建电报线路至上海。1865 年，英国驻上海领事巴夏礼（Harry Smith Parkes）特地前往苏州向时任江苏巡抚的李鸿章提议，由川沙抚民厅海边安设电报线路至上海浦东。1866 年，法国翻译李梅致函总理衙门，建议清政府修建北京至上海电报线路，并附上创办方案一份。1867 年初，美国领事照会总理衙门，提出由玛高温（D. J. Macgowan）[②] 负责敷设香港、上海、天津之间海线。

虽然总理衙门拒绝了所有修建电报的请求，但未能阻止西方电报的传入。19 世纪 60 年代末，已有西方电报公司在中国成立分公司，将电报引入中国。丹麦大北电报公司和英国大东电报公司（Eastern and Associated Telegraph Companies）就在其中。

2. 大北电报公司

1869 年 6 月 1 日，大北电报公司（以下简称大北公司）在丹麦银行家铁德根（C. F. Tietgen）的努力下，由北欧的丹麦—挪威—英格兰电报公司（The Danish-Norwegian-English Telegraph Co.）、丹麦—俄罗斯电报公司（The Danish-Russian Telegraph Co.）和挪威—大不列颠电报公司(Norwegian-British Telegraph Co.）合并成立，总部设在丹麦的哥本哈根。

公司原有水线[③]如下（表 1-2）：

表 1-2　大北公司原有水线表[3]

电报线路	长度（海里）	设置年份
丹麦—挪威	67	1867 年
丹麦—英格兰	334	1868 年
丹麦—俄国	304	1869 年

---

① 卜鲁斯，清咸丰十年九月二十五日（1860 年 11 月 7 日）到达北京，任英国驻华公使，清同治三年五月十六日（1864 年 6 月 19 日）卸任。

② 玛高温，1843 年由美来华，在浙江宁波传教施医。著有《博物通书》、《日食图说》、《航海金针》等科学著作。

③ 此处，水线即海底电缆。

1869 年合并后的新公司又扩充了两条新水线（表 1-3）：

表 1-3　合并后大北公司于 1869 年扩充的新水线表

电报线路	长度（海里）	设置年份
挪威—苏格兰	266	1869 年
瑞典—俄国	96	1869 年

铁德根是丹麦资本家的主要领导者之一，他对海外贸易的看法有其独特的见解，在丹麦拥有多家大型公司。他对哥本哈根股票交易的操控更使他成为丹麦的传奇人物，他在股票市场上的成功为他日后创办大北公司提供了资本。另外，大北公司虽然是一家丹麦商业电报公司，但它的大部分投资来自英国和俄国。公司与英、俄两国政府都保持着不一般的关系。

早在 1854 年，俄国就讨论过如何将横亘西伯利亚的陆线和阿拉斯加的海线相连接，以解决与北美通报的问题。1865 年，俄国开始修建西伯利亚陆线（图 1-2）。不久，大西洋海底电缆敷设成功，原计划没有了继续实施的必要。于是，俄国改变原有计划，希望将已架设的西伯利亚陆线与海参崴、长崎、上海、香港相连，以便与日本和中国通报。1869 年 10 月 11 日，俄国与大北公司签订了一份电报建设合同——大北公司被许给海线专营权 30 年，负责敷设一条连接海参崴、长崎、上海和香港的海底电缆，并允许修建一条由西伯利亚中部通达海参崴的陆线电报。这样，大北公司不仅可以由上海经长崎与欧洲通电报，也可由上海经香港与欧洲通电报。

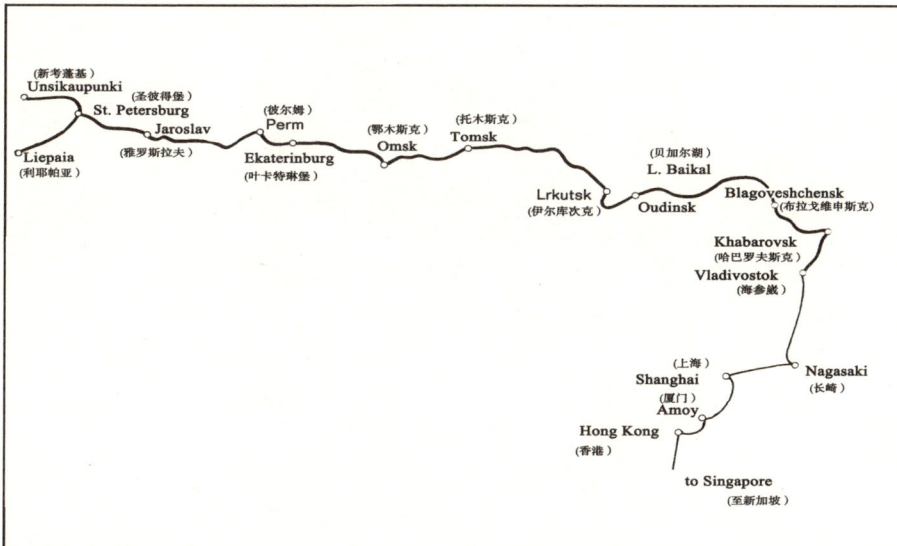

图 1-2　俄国西伯利亚陆线示意图[4]

1870 年 1 月 9 日，大北公司成立远东分公司（The Great Northern China and Japan Extension Telegraph Co.），旨在管理公司在中国、日本等东亚国家的电报业务。董事会成员多由丹麦政府要员担任，除董事长铁德根外，还有丹麦议员布罗贝格（Christain Broberg）、哈姆布莱德（Lauriz Holmblad）、利维（Moritz Levy）、苏尔（Ole Suhr）和丹麦大使司格（Chambeilain Julius Sike）[4]36。分公司的办公点最初设在上海南京路 5 号的大北公司上海站（图 1-3），1882 年迁往上海外滩 7 号。1906—1907 年间，大北公司在此修建了新的办公大楼（图 1-4），并将大楼的一部分租借给大东电报公司和太平洋水线公司（The Commercial Pacific Cable Co.），作为他们中国分公司的办公地址[5]。

图 1-3 大北公司早期在上海的报房[15]

图 1-4 大北公司在上海外滩 7 号的大楼[5]

1871 年 4 月 18 日，香港—上海线（又称沪港海线）开通。不久，上海—长崎线、长崎—海参崴线也相继开通。11 月 17 日，所有与西伯利亚陆线连接的工程竣工。大北公司的业务在远东迅速扩展。1873 年，厦门也被连接到该网络中。1883 年，上海、长崎、海参崴之间加设复线。同年，大北公司在长崎、釜山间敷设海底电缆一条，将电报引入朝鲜。1910 年 11 月，大北公司将该线出让给日本。1900—1901 年间，大北公司与大东电报公司合作敷设上海—烟台海线一条，烟台—大沽海线两条，并由其代中国电报总局经营管理。

1924 年 3 月 25 日大北公司交给中国交通部的一份资料显示，至 1924 年，大北公司有欧籍职员 950 余人，远东职员 850 余人，其中中国籍员工约 600 人，日本籍员工约 115 人，葡萄牙籍员工约 10 人。公司除在伦敦、巴黎、莫斯科设有分公司外，在欧洲、西伯利亚和俄国各地还设有收发站。远东方面，收发站设于香港、厦门、上海、大戢山（分站）、烟台、天津、北京、哈尔滨、长崎、海参崴各地[6]。

大北公司在欧洲共有海线 4 965 海里，如下（表 1-4）：

表 1-4　大北公司海线表（欧洲线路）

欧洲线路	长度（海里）	设置年份
英格兰—丹麦	346	1868 年
英格兰—丹麦	349	1913 年
英格兰—冰岛	534	1906 年
英格兰—瑞典	460	1873 年
英格兰—瑞典	519	1880 年
英格兰—瑞典	501	1890 年
法兰西—丹麦	389	1873 年
法兰西—丹麦	370	1891 年
丹麦—拉脱维亚	308	1869 年
丹麦—俄罗斯	792	1907 年
瑞典—芬兰	97	1869 年
瑞典—芬兰	88	1877 年
瑞典—芬兰	107	1883 年
瑞典—芬兰	105	1911 年

在远东方面，共有海线 3 440 海里，如下（表 1-5）[①]：

表 1-5　大北公司海线表（远东线路）

远东线路	长度（海里）	设置年份
海参崴—长崎	770	1871 年
海参崴—长崎	756	1883 年
长崎—上海	485	1871 年
长崎—上海	476	1883 年
上海—厦门	620	1871 年
厦门—香港	331	1871 年
九龙—香港[②]	2	1889 年

3. 大东电报公司

英国大东电报公司（以下简称大东公司）由英国商人彭德（John Pender）于 1872 年创办。公司最初由多家小的电报公司组成，至 1873 年发展为两大电报机构——东方电报公司（The Eastern Telegraph Co., Ltd.）和大东电报澳中分公司（The Eastern Extension Australasia and China Telegraph Co., Ltd.）。至今，大东公司仍在运营，英文名更改为（Cable & Wireless），中国仍是其核心市场。1872—1896 年间，彭德一直担任公司主席。

彭德，英国商人，在曼彻斯特和格拉斯哥从事纺织贸易，积累大量资本后进入电报通信领域。彭德和他的团队经营和管理着英国多家电报公司。1869 年，彭德通过俄国商人塞吉（Serge Abaze），安排其团队中的英国电缆公司（British Submarine Telegraph Co.）与大北公司竞争俄国西伯利亚陆线接线工程。大北公司依靠政治优势以及丹麦与沙俄皇室的姻亲关系最终获胜。失去与俄国合作机会的彭德并没有放弃，而是立刻采取了反击行动。1869 年 12 月 10 日，彭德和英国贵族蒙塔古（William Montague Hay）、格洛弗上校（Thomas George Glover）、奥斯本上尉（Sherard Osborne）、商人比尔（Julius Beer）和律师埃利奥特（Ralph Elliot）、布特

[①] 数据不包括 1900 年八国联军入侵后，大北、大东电报公司在天津、上海、烟台、青岛等地抢设的海线。

[②] 该线为大北、大东电报公司共同所有。

(Charles Burt) 共同投资在伦敦创办了中国水线电报公司（China Submarine Telegraph Co.，Ltd.），发行股票 52 500 股，每股价值 10 英镑。公司创办当天即与英国电报建设维修公司（The Telegraph Construction and Maintenance Company）① 签订了一份海底电缆合同。双方合作敷设一条穿过马六甲海峡与香港、上海相连的海底电缆，与大北公司竞争。

为了解决与大北公司在中国敷设海底电缆的矛盾，也为了使电报资源得到最大化利用，大东公司与大北公司于 1870 年 5 月 13 日签订了一份合同，秘密划分了在中国的业务范围[7]。合同规定上海以北的海线（包括日本在内）划归大北公司经营，香港以南的海线划归大东公司经营，香港、上海则为双方共同经营的"中立区"；大北公司负责在 6 个月内完成沪港海线的敷设，电报收益由两公司平分。至此两公司由竞争关系转换成暂时的合作关系。

1872 年，地中海、苏伊士、印度洋西部和非洲东海岸的 5 家电报公司，法尔茅斯—直布罗陀—马耳他电报公司（Falmouth，Gibraltar and Malta Telegraph Co.，Ltd.）、英地中海电报公司（Anglo—Mediterranean Telegraph Co.，Ltd.）、马赛—阿尔及尔—马耳他电报公司（Marseilles，Algiers and Malta Telegraph Co.，Ltd.）、地中海电报公司（Mediterranean Extension Telegraph Co.，Ltd.）和英印度电缆公司（British Indian Submarine Telegraph Co.，Ltd.）合并成立东方电报公司，彭德担任新公司主席。1873 年，彭德又将中国水线电报公司与英国—印度电报公司（The British Indian Extension Telegraph Co.，Ltd.）、英国—澳大利亚电报公司（The British Australian Telegraph Co.，Ltd.）合并，成立大东电报澳中分公司，总部设在中国上海。虽然，东方电报公司和大东电报澳中分公司是两家独立的公司，但它们都属于大东电报公司，由彭德统一管理，公司董事会成员也基本一致。至此英国几乎所有的电报公司都被并入彭德的大东电报公司。该公司对外扩张的过程一定程度上也反映了英国政府的扩张意图。大东电报公司组织机构情况如表 1-6 所示。

---

① 英国电报建设维修公司也在彭德团队的管理之下。

表 1-6　英国大东电报公司组织机构表[4]19

公司	海线		
法尔茅斯—直布罗陀—马耳他电报公司	法尔茅斯—直布罗陀—马耳他	东方电报公司	英国大东电报公司
英地中海电报公司	马耳他—亚历山大 马耳他—苏萨 马耳他—的黎波里—亚历山大		
马赛—阿尔及尔—马耳他电报公司	马耳他—阿尔及尔—马赛		
地中海电报公司	马耳他—撒丁岛—科孚岛		
英印度电缆公司	苏伊士—亚丁—孟买	大东电报澳中分公司	
英国—印度电报公司	锡兰（斯里兰卡）—新加坡		
英国—澳大利亚电报公司	新加坡—巴拉维亚 爪哇—达尔文港—昆士兰州		
中国水线电报公司	印度—香港		

　　1870 年，大北公司在丹麦护卫舰的帮助下开始敷设沪港海底电缆（图 1-5、图 1-6），但由于从英国购买的电缆在绝缘性上存在问题，直到 1871 年 4 月 18 日，沪港海线才正式开通。1872 年 1 月，沪港海线与俄国西伯利亚陆线之间的通信正式开通。从此，大北公司在上海，北可经日本与俄国通报，南可经香港与欧美通报，中国与世界各地的电报网络正式建成。

图 1-5　1870 年 11 月 29 日，香港岛南面的沪港海线敷设工地[15]

图 1-6　1870 年 10 月 20 日，大北公司在香港深水湾敷设海底电缆的手绘图[15]

第三节　清政府认识电报的过程

晚清政府对电报通信的认识大致经历了三个阶段：第一，19 世纪 60 年代前期，拒绝所有修建电报线路的请求，禁止修建任何海、陆电报线路。第二，19 世纪 60 年代后期，因修约之事朝廷内部展开大讨论，对电报的功能有所了解，但仍然反对修建。第三，19 世纪 70 年代以后，崇厚、曾国藩等洋务大臣开始使用大北公司海线传递信息，电报逐渐被接受，晚清政府于 1874 年允许在福建修建陆线电报。

一、19 世纪 60 年代前期全面禁止

进入 19 世纪 60 年代，西方各国为抢占中国的通信市场，纷纷向总理衙门请求修建电报线路。最初，总理衙门以"中国设线不便"、"难保电线安全"等理由，拒绝各国的请求。

从 1862 年开始，俄国公使把留捷克多次请求修建北京—天津电报线

路，总理衙门以"中华未能保其永固，且不免常有损坏，以致缘此生隙，因而中止"[8]1为由拒绝。1863 年，英国公使卜鲁斯提出修建恰克图—海口电报线路，总理衙门同样以"铜线法施之于中国，诸多不便"[8]4为由拒绝。为阻止俄国在中国修建电报线路，总理衙门宁愿许诺将来给予俄国在华优先设立电报线路的权利。1862 年，总理衙门在给把留捷克的照会中许诺："将来如准他国设立此法（铜线），自必先以贵国（俄国）为始。"[8]1正是这一书面承诺，间接导致了 10 年后福建电报建设的失败。

可以肯定的是，以上理由并不是清政府拒绝修建电报线路的主要原因。1865 年，总理衙门向各省将军、巡抚、大臣下达阻止所有西人架设电报线路、修建铁路的指示：

> "海外各国设立铜线法以通信息，开铁路以利往来二事，皆各国争欲举办之件。同治元年准俄国公使照会，请由都城至天津造用发铜线法，经本衙门以铜线法施之于中国诸多不便等语照覆。同治二年，复准英国公使照会，请安置飞线直达海边以及东南各口，经本衙门以铜线法施之中国诸多滞碍答覆。近又据美国公使备据照会，请设铜线，经本衙门详为开导，仍将照会发递。其开设铁路一事，屡经各国公使晤时提及，均经本衙门理阻各在案。原因中国地势与外洋情形不同，倘任其安置飞线，是地隔数千百里之遥，一切事件，中国公文尚未递到，彼已先得消息，办事倍形掣肘，且该线偶值损坏，必咎于官民不为保护，又必业生枝节。至山川险阻，皆中国扼要之区，如开设铁路，洋人可以任便往来，较之尽东其亩，于大局更有关系，是以叠经本处力为拒绝。第各口领事官难免不尚存觊觎之心，仍向地方官晓渎，并恐各国洋人不向地方官禀明私行设立铜线等事，除通行函致外，所有本处先后阻止各国情形，专肃布。闻，即希密为转饬所属。嗣后各国领事如有向地方官请立铜线法暨开铁路等事，须查照本处办法，力弭衅端为设法阻止，以弭衅端杜后患，是为至要。"[8]5

可见，"中国公文尚未递到，彼已先得消息，办事倍形掣肘"，是总理衙门拒绝各国修建电报线路的真正原因。同时也可看出，总理衙门对电报传递消息的优势是比较清楚的。另外，这一时期洋务运动刚刚开始，朝廷内部反对强烈，社会风气未开，缺少电报人才，也是全面禁止的主要原因。

总理衙门要求各地方官遵照总理衙门的做法，一律阻止洋人架线。遵照总理衙门指示，各地官员成功拒绝了数次架设电线的请求。1865年，福州将军英桂以"地方情形诸多不便"婉言回复了福州税务司美里登（De Meritens）的架设电线请求[8]13。同年，上海领事巴夏礼请求由川沙厅修建至浦东的电报线路，上海通商大臣李鸿章以"电线为条约所不载，洋人擅设电线是显然不遵条约，且电线非由中国官示谕设立，将来被百姓拆毁，地方官亦不能代为保护"[8]14等语为由拒绝。

1865年6月，利富洋行（Reynolds & Co.）英商雷诺（Reynolds）擅自在上海、川沙厅等处架线。时任江南海关道的丁日昌事先已获得消息，面授川沙抚民厅抚民同知何光纶、上海县令王宗濂，如其私设，则令百姓于黑夜中潜行拔去电线杆。两天后，雷诺于浦东地方动工，共立杆227根，计程约39里。何光纶、王宗濂遵照指示，协同乡民于夜间将电线杆全部拔毁。之后，英国多次照会要求赔偿。总理衙门以"（该线）系该乡民因有碍风水农田于夜间拔去，但不知何人所拔，无从查问。其未经竖立之柱，亦查无被窃事情"[8]19为由，拒绝赔偿。

雷诺一事说明，洋人架设电线志在必得。各国政府在遭到多次拒绝后，开始支持洋商偷设电线，朝廷官府则联合百姓与之对抗。此后，"铜线有碍风水农田"等说法成为清政府拒绝修建电报线路的新理由，唆使百姓拔杆、毁线成为清政府抵制洋商修建电报的新办法。

其实，李鸿章很早就向总理衙门提出洋商私设电报的可能性，他在信中写道：

"铁路费烦事钜，变易山川，彼族亦知断不能允，中国亦易正言拒绝。铜线费钱不多，递信极速，洋人处心积虑要办，将来不知能否永远禁阻。鸿章愚虑，窃谓洋人如不向地方官禀明，在通商口岸私立铜线，禁阻不及，则风气渐开。中国人或亦仿造外洋机巧，自立铜线，改英语为汉语，改英字为汉字，学习既熟，传播自远，应较驿递尤速。若至万不能禁时，惟有自置铜线以敌彼飞线之一法。存而勿论可也。鸿章仍随时设法严禁，决不稍有松动也。"[8]8

很显然，李鸿章已经认识到一味阻止洋人修建电报线路非长远之计，于是提出自设电报的想法。"存而勿论可也"，反映出李鸿章自知其意见被采纳的可能性不大，但仍怀抱一丝希望的心态。虽然该建议在当时未被采纳，但雷诺事件发生后，总理衙门肯定了李鸿章"万不能禁时，惟有自置铜线"的想法。可见，总理衙门对电报的看法正发生着微妙的变化。

二、19 世纪 60 年代后期展开讨论

1865 年 11 月，总税务司赫德（Robert Hart）① 向总理衙门呈递《局外旁观论》一册，从政治、财政、军队建设、人才等方面，将清政府批得体无完肤。他劝导清政府学习外国，进行改革，修建铁路、电报，以便民用。次年 3 月，英国阿礼国（Sir Rutherford Alock）② 又照会总理衙门，递交威妥玛（Thomas F. Wade）③ 说帖《新议略论》，内容与《局外旁观论》相似，但措辞更加激切，引起总理衙门极大重视。总理衙门认为，"其中恫吓挟制，均所不免，且窥其立意，一似目前无可寻衅，特先发次议论，以为日后藉端生事地步。若不通盘筹划，先事图维，恐将来设有决裂，仓猝更难措置。"[9]要求江苏、江西、浙江、湖广、闽、粤各省督抚大臣，三口通商大臣就各处情形，尽早商议、斟酌办理。朝廷内部展开大讨论。

对修建电报一事，督抚官员均不赞成。湖广总督官文认为：

"轮车、机械等事，论者不一，其显而易见者，则垄断牟利也，其隐而难窥者，则包藏祸心。"[10]1720

江西巡抚刘坤一认为：

"轮车电械，益令彼之声息易通，我之隘阻尽失，以中国之贸迁驿传，固无须此，而地势物力，均所不能，断不可从其所请。"[10]1723

闽浙总督左宗棠认为：

"信线一种，则运思巧而不适于用，安置数十里之远，无人常川监护，则机牙易损，徒增烦扰，非民间所宜，非官所能强。"[10]1772

三口通商大臣兵部左侍郎崇厚反对修建电报，更担心重修条约时，各国提出将铁路、电报等事纳入条约之内。他提到：

"该使臣等历叙从前立约之由，并虑后来失好之渐，危词恫吓，

---

① 赫德（1835—1911），字鹭宾，英国人。1854 年来华，先后在英国驻宁波和广州领事馆担任翻译和助理。1859 年任粤海关副税务司，1861 年代理总税务司职务，1863 年 11 月任海关总税务司。1911 年卒于英国，清政府追授他为太子太保。

② 阿礼国，清同治四年十月二十日（1865 年 12 月 7 日）接任驻华署理使臣，清同治八年九月二十八日（1869 年 11 月 1 日）离任。

③ 威妥玛，清同治三年至同治四年（1864—1865 年）任驻华署理使臣，清同治十年至光绪二年（1871—1976 年）担任英国驻华公使，长期居住在中国，对中国社会和政府非常了解，是位很有经验的外交官。1871 年 8 月 1 日，被清政府授予驻华钦差大臣。

反覆申明，总以将来中国不能守信为虑。故历次立约，曰边界、曰传教、曰通商，各国皆处心积虑，不惮再三至渎，而尤必声明行文内外偏行周知字样。……虽目前无可寻衅，窃恐为将来重修条约地步，不免有挟而求。他如轮车、电机等事，各海口洋人亦曾屡屡言之，中外地势不同，断非急切可办之事。且兴作铁路，必致扰民，有识者皆以为不可。然洋人执拗性成，凡事拒之甚坚者，彼必争之愈力。"[10]1708

随着中外修约时间的临近，加上屡拒不断的架线请求，总理衙门也倍感压力。1867年10月12日，恭亲王奕䜣等上奏朝廷，请饬盛京、直隶、两江、闽、粤、湖广、江苏、江西、浙江、山东，各将军、督抚及南、北洋通商大臣对"请觐、遣使、铜线、铁路以及内地设行栈、内河驶轮船并贩盐、挖煤、开拓传教等"，各抒己见、合力齐心、悉心筹划、共谋良策[10]2121。不久获准。

总理衙门自拟条说六条，请议请觐、遣使、铜线、铁路、内地设行栈、内河驶轮船、开拓传教六事。电报、铁路条例如下：

"（铜线、铁路）此二事俄使创编于前，英、法、美接踵于后，哓哓再四，不办不休。彼但知往来迅疾，于贸易大有裨益，是以同心一意，求之甚切，持之甚坚。本衙门先以失我险阻，害我田庐，妨碍我风水为词辩驳，彼悍然不顾。本衙门又以占我民间生计，势必群起攘臂相抗，群愤难当，设或勉强造成，被民间拆毁，官不能治其罪，亦不能责令赔偿，彼则以自能派人看守防御为词抵制。现因条约未载此事，如罗星塔、吴淞口等处，英人私设电线，民因不便而毁之；洋商欲于上海租地界内修造铁路，苏松太道应实时举七不可以折之，尚未激成衅端。若明岁更议条约，彼必互相要结，强欲增入约内，断非空言所能禁阻。应若何先事规划，临事折冲，俾其不便请行以杜后患之处，有地方之则者，请共商之。"[10]2125

"求之甚切，持之甚坚"，是总理衙门对洋人决心的深刻认识。总理衙门担心各国大使借此次修约机会将电报、铁路等纳入其中。

对于这次大讨论，朝廷非常重视，要求各大臣审时度势、妥筹完全、详细复奏、毋得徒托空言，务必于12月内奏到。

11月20日，调任陕甘总督的左宗棠第一个回复总理衙门，他写道：

"（洋人）意不过为贸易争先起见，不知一商因信线置货卸货，各商即从而效之，彼此齐同置货卸货，究竟不能独得便宜，于商无益，徒招民怨。伊无可言，但求给价，其事遂止。"[11]2155

左宗棠认为电报因商而起，但又无益于商，洋人请设电报只是为在贸易上索要高价。所以，他坚持原意，反对修建电报。

12月10日，两广总督瑞麟复奏总理衙门：

> "（铜线、铁路）于地方民情及华商生计大有窒碍……此造彼拆，两相争闹，纷纷生事，地方何以相安，中国官员岂能坐视不顾。于是俯首无词，似可作为罢论矣。"[11]2181

瑞麟坚持原来的观点，反对修建电报。

12月12日，盛京将军都兴阿也向总理衙门表达了自己的观点：

> "欲安设铜线、铁路，势必各处挑挖濠堑，安设机器，彼则专为裨于贸易，往来讯疾，不顾民间生计田庐，妨碍风水重地，我则险阻有失，元气愈弱，当此贼氛未靖民心未安之时，关系甚重，似难允行。"[11]2183

12月底，复奏期限已到，仍只收到左宗棠、瑞麟和都兴阿3人的奏折。总理衙门大为着急，再次请饬朝廷。一个月后，其他奏折相继到达。可见，各大臣态度慎重。

山东巡抚丁宝桢、两江总督曾国藩、三口通商大臣崇厚、闽浙总督吴棠、署江苏巡抚郭柏荫、署直隶总督官文、广东候补道叶文澜、吏部主事梁鸣谦、福建举人王葆辰反对修建电报。他们的理由有四：一是，凿地脉、伤庐墓、坏风水；二是，毁田庐、穷脚夫、妨生计；三是，破险阻、通消息、利彼族；四是，强设线、引民愤、致争端。

湖广总督李翰章、船政大臣沈葆桢、广东巡抚蒋益沣、福建侯官学生员林全初、福州将军英桂、福建巡抚李福泰、福建兴化府莆田县学训导吴仲翔，虽不赞成将架设电线一事写入条约内，但并未全盘否定修建电报。

李翰章不仅看到了电报传递消息的快捷之处，更明白得消息得先机的道理。他认为：

> "铜线之用，信息灵捷，故各国争之甚力。……揆其意欲使数千里信息达于俄顷，夫中外和好，岂与争信息迟速哉，独事机紧要时，彼速我迟，利害分焉，倘能阻止，所全实多。"[11]2192

沈葆桢不仅一改原来的反对态度，还巧妙地将电报与长城相比较，以此说明电报的潜在价值。他提出：

> "秦筑长城，当时以为殃，后世赖之。铜线铁路如其有成，亦中

国将来之利也，且为工甚钜，目前亦颇便于穷民。"[11]2198

不过，沈葆桢并不赞成在条约中许可修建电报，但赞成在不妨碍百姓利益的情况下架设电线。他认为：

"商贾之生计，有力者尚可改图，民间之田庐，贪利者犹可易地；至坏其祖父之坟墓，虽至愚不肖者，亦必痛心疾首，聚族而争，众愤所加，何所不至。彼虽曰自能派人看守防御，设其人为百姓所戕，彼能晏然不问乎？设我百姓为其人所戕，我能晏然不问乎？万事皆可从权，民心必不可失。应谕以中外一体，彼此宜各顺民情，且泰西智巧绝伦，果能别创一法，于民间田庐、坟墓毫无侵损，绘图贴说，咸使闻知，百姓退无后言，朝廷便当曲许，否则断难准行。"[11]2198

林全初的想法与沈葆桢相似，他在奏折中写道：

"泰西各国，民间多置电线，为商人寄信报货价而设。惟线长质重，中间必用木杆撑持，势必碍及民间田庐坟墓，此事能却则却之。必不得已，惟有与约，但准空地置设，其柱宜高无所碍，免启争端，以致拆毁也。"[11]2212

英桂的建议带有笼络之意，他认为只要当地百姓愿卖地基，可以允许在通商口岸百里之内修建电报。他向总理衙门建议：

"畿辅重地以及通都大邑皆人烟稠密，万难准行。即彼欲强为，亦喻以中国之事，必顺民情，民所不欲者，朝廷未尝强也。此事易滋事端，彼国既通和好，而必与中国民人群横怨嫌，恐亦非彼国之利，使知众怒难犯，或可稍缓其谋。其在通商海口百里以内，或准行用铜线、铁路等事，然仍须民间愿卖地基，会同地方官审度办理，不得有所强占，庶于笼络之中，不致有妨大局。"[11]2231

福建兴化府莆田县学训导吴仲翔，对世界电报的发展情况较为了解。他虽不赞成洋人在中国任意修建电报，但又提出：

"泰西智巧出人意料，果能与巨海长江危滩大泽之下，运其智力，凿幽置线，潜渊取到，当听所为。"[11]2208

通过上述官员的奏折，可以看到两江总督、直隶总督、三口通商大臣，这些掌握重要权力的大臣均反对修建电报。

时任湖广总督的李鸿章在观点上不与他们相左。他认为："电报有大利于彼，有大害于我。"但李鸿章又是一位懂洋务的人，他不仅看到电报在传递消息上的优势，更明白中国自设电报的重要性。他对当前形势进行一番分析之后，提出了自己的看法：

> "凡是穷则变，变则通，将来通商各口洋商，私设电线在所不免。但由此口至彼口，官不允行，总作不到；铁路工本，动费千数百万，即各国商众集资，亦非咄嗟能办。或谓用洋法，雇洋人，自我兴办，彼所得之利我先得之。但公家无此财力，华商无此钜资，官与商情易隔阂，势尤涣散，一时断难成议，或待承平数十年以后。然与其任洋人在内地开设铁路、铜线，又不若中国自行仿办，权自我操，彼亦无可置喙耳。"[11]2260

"公家无此财力，华商无此钜资，官与商情易隔阂，势尤涣散，一时断难成议"，说明中国目前缺乏自办铁路、电报的实力，也隐含了李鸿章希望官商联合修建电报的想法。

虽然，此次讨论的结果仍是禁止修建电报，但督抚大臣对电报的认识有所深入，不少人肯定了电报在传递信息方面的优势。

三、19世纪70年代逐渐接受

1870年，为解决大北公司沪港海线在上海登陆的问题，英国公使威妥玛向总理衙门提出开放各通商口岸，允许洋商在中国海域敷设电缆。经过多次交涉，总理衙门最终允许外国海底电缆敷设至中国通商口岸区域，但电缆线头只能置于近海的驳船中，不可引上岸。至此，电报终于被正式引入中国。

1871年，曾国藩代表清政府参观大北公司在上海的电报房，观看电报的传递过程。在这一时期，曾国藩曾考虑在南京和福州之间架设电报线路，但最终没能实施[12]253。同年，崇厚赴法国处理天津教案事件，多次使用俄国西伯利亚陆线和沪港海线与国内联系。从事进出口贸易的商人也开始利用电报接收和传递商业信息，从中获利颇丰。不久，清政府默许了外商在租界修建陆线电报线的行为。

进入19世纪70年代中期，中国边防、海防多次受到威胁，电报在军事上的价值引起朝廷的重视，清朝对电报的态度也开始发生转变。1874年，日本入侵台湾，中国海防受到威胁。在沈葆桢的建议下，清政府同意修建福州至台湾的电报线路。遗憾的是该计划最终以失败告终。1877年，丁日昌依靠福州学堂培养的电报人才和福州库房中保存的电报器材，在台湾自主修建了一条长约95里的电报线路。

1879 年，俄国因伊犁事件挑起战争，中国边防、海防同时告急，电报建设被再次提上议程。1880 年，李鸿章以上海、北京间消息不便，奏请修建天津至上海电报线路，不久获准。与福建电报相比，津沪电报的修建十分成功。该工程于 1881 年 5 月开工，12 月中旬全线竣工，前后仅半年时间。津沪电报线路全长 3 075 里，除在天津设立津沪电报总局外，另在紫竹林、大沽口、济宁、清江浦、镇江、苏州、上海设立 7 处电报分局。

因中法战争的需要，朝廷又批准修建了京津（北京—天津）、长江（由镇江经南京至汉口）和广龙（广州—广西龙州）3 条重要电报干线。这些电报干线在中法战争中发挥了重要作用，得到了朝廷的肯定。电报建设由此全面展开，并进入一个长达 15 年的快速发展时期。至中日甲午战争之前，中国电报网络已基本建立起来。

第二章　电报事业在中国的早期发展

19世纪60年代初期，当西方各国纷纷向总理衙门请求修建电报时，欧洲小国丹麦并不是其中一员。而到了19世纪60年代末期，新成立的丹麦大北电报公司却在中国电报建设史上扮演了重要的角色。1871年，大北公司成功敷设了中国第一条海底电缆——沪港海线，并在上海成立了分公司。1874年，清政府首次批准修建陆线电报，大北公司获得修建福建电报的权利。1880年，中国电报总局聘请大北公司修建了中国第一条省际电报线路——津沪电报。此后，大北公司参与了晚清几乎所有电报的建设工作。尽管大北公司在中国经营和扩展业务的方式并不是完全的公正合法，但它确实在晚清电报建设方面发挥了重要作用。

第一节　大北电报公司海线登陆上海

1869年，大北公司与俄国政府签订电报合同，海参崴—长崎—上海—香港电报工程正式启动。由于清政府禁止修建任何电报线路，上海—香港电报工程还未动工就遇到非常棘手的问题，即如何让沪港海线在上海登陆。因为只有将电缆从海底引上岸，建立电报房，才能经营业务。1870年，英国公使威妥玛与总理衙门签订的"1870协议"，帮助大北公司解决了这一问题，让沪港海线于大戢山岛秘密登陆。

一、威妥玛与"1870协议"

"1870协议"是总理衙门与英国公使威妥玛于1870年签订的，旨在双方协商解决在中国海域敷设海底电缆的问题。该协议的内容是，允许西方电报公司在中国海域敷设电缆，但电缆线端不能上岸，只能置于停靠在码头附近海域的船舶内；另外，中国政府不必为海底电缆提供保护，如有损坏不负赔偿责任。根据最惠国待遇，大北公司也获得了在中国通商口岸敷设电缆的权利。

"1870协议"虽然由威妥玛完成，却是由大北公司董事长铁德根提议的。1869年，大北公司成立之初，铁德根就开始考虑海线登陆问题。同年8月，中国首任全权使节蒲安臣（Anson Burlingame）[1]带领中国外交使团到达丹麦哥本哈根，铁德根接待了蒲安臣，并询问海底电缆是否能在中国通商口岸登陆。蒲安臣认为，海底电缆在通商口岸登陆没有什么困难。因为他曾在1865年向清政府提出过海底电缆登陆的要求，在当时遭到拒绝。而到了1866年，当清政府需要他协助中国处理外交事务时，又口头答应了他的请求。

于是，在第二年（1870年），大北公司遂资助司格（Julius Sick）[2]担任丹麦大使前往中国，为大北公司的沪港海线登陆寻求外交支持。大北公司首先找到英国驻华机构[3]，同时丹麦驻英大使也在伦敦寻求帮助。因为大北公司表面上虽为丹商，但它大部分投资来自英国，另外的大股东是沙俄皇室。他们希望英国能支持大北公司在中国的活动。之后，大北公司又获得俄、法等国的支持。

---

[1] 蒲安臣，清同治元年（1862年）7月20日到达北京，任美国驻华公使，1865年5月12日离任。后又于1866年11月2日回任，1867年11月21日卸任。在奕訢的推荐下于1867年11月27日担任中国首任全权使节，并于1868年带领中国首个外交团出使美、英、法、普、俄等国，进行中国首次近代外交活动。

[2] 司格，清同治九年至同治十二年（1870—1873年）任丹麦驻华公使，后由拉斯勒福接任。同时，司格也是大北公司董事会成员之一。

[3] 英国驻华大使在总理衙门享有最高威信。

1870 年 4 月，英国公使威妥玛即以沪粤商民通信不便为由致函总理衙门，请准由广州、汕头、厦门、福州、宁波敷设海底电缆至上海。威妥玛深知清政府对修建陆线电报的顾虑，在信中特别强调了海底电缆与陆线电报的区别。他说：

> "（陆线电报）须先买地基，既须地主相让，尚须贵国准办，方可与造。此次所商，系由沿海水底暗设，不过仅有线端一头在通商口岸洋行屋内安放，与从前所论迥然不相同。"[8]79

威妥玛建议将电缆线端由海里拽起，安置于通商口岸的洋行屋内，这样不会引起村民注意，避免争端。实际上，如果清政府同意这样的做法就相当于给了外国海底电缆在中国的登陆权。

恭亲王奕䜣同意威妥玛的观点，同时也表达了自己的看法。奕䜣认为，电缆敷设至通商口岸，必将产生以下问题：一是，如果乡民发现电缆将会造成恐慌；二是，海底电缆对附近的船只通行造成影响；三是，靠近河岸电缆易被偷走。

几天后，威妥玛复函奕䜣。首先，对奕䜣提出的三点疑虑一一做了解释。他认为，埋藏于海底的电线既不会被百姓发现，也不会影响船只的通行，至于匪贼偷窃电缆更不是什么大问题。之后，又反复强调敷设海线对商、对官的便利之处。最后，承诺优先发送中国官报，并给以可观的折扣，诱使奕䜣同意。威妥玛这样说到：

> "今若添设通线，则数刻之内往来俱达。试问一城设有东西之分，若无通线，何似苏广两省有通线之便捷乎。此均商民之利。若问官宪如何便宜，除其曾提之国课大事无须再论，以及上令下详等件，不难立即来往。此外尚有两节，一则因公行知之时，遇有内外商民发信，无论何等紧要，均要暂止让官。二则公信之费，均较私信转省二三成之数。总以先公后私为重。"[8]80

5 月 7 日，奕䜣在回信中还是拒绝了威妥玛的请求。理由一是，如果同意外商海底电缆在通商口岸登陆，会招致更多关于在中国修建电报的请求；二是，根据通商口岸条例，对海底电缆提供保护，难度更大。奕䜣认为：

> "中国沿海内洋，亦可听其在水底安放，惟线端仍不得上岸。俾与通商口岸陆路不相干涉。庶界限分明或可免生镠辖。"[8]82

由此可见，当时清政府对领海权的概念认识较弱，这也是清政府从未严厉拒绝海线登陆请求的主要原因之一。

经过几次商议，总理衙门最终同意了威妥玛敷设海线的请求，规定如下：

> "所有此次英商由香港暗设通线至上海为止，系在内洋海中水底安设。其安设线端船只，自必在沿海埠口向来停泊各洋船码头之外近海处所停泊……至安设以后，中国碍难代为照料，倘有毁坏与中国地方官无涉，不能追赔修费。"[8]84

如此几番交涉，最终生成了"1870 协议"。根据该协议，西方电报公司的海底电缆线端被允许置于通商口岸近海的驳船中，但不能在通商口岸登陆。在外国电报公司看来，允许电缆线端置于驳船之中，就是允许其在通商口岸登陆。正如大东公司备忘录中所记载的："事实上准许水线头置于领海内的船上，无须说即是一个登陆权。"[13]

大北公司的看法与大东公司相同，准许敷设电缆即准许海线登陆，于是公司开始计划使沪港海线在上海登陆。中国由此丧失了海底电报的主权。

二、沪港海线登陆与吴淞陆线修建

解决了登陆问题，大北公司开始将登陆计划付诸实施。1870 年 5 月，大北公司第一任经理史温生（Edouard Suenson）来到中国，他与沪港海线工程师和上海海关职员一起秘密商讨如何使沪港海线在上海登陆，最终选定在扬子江口的大戢山岛上拽起海底电缆，然后经过大戢山岛将电缆引入丹麦在吴淞的领事馆内（图 2-1）。大戢山岛由上海海关管理，一年中除维修灯塔外几乎无人上岛，是沪港海线登陆的绝佳地点。

同年 11 月，丹麦护卫舰来到中国，协助大北公司敷设海底电缆并在丹麦驻上海领事馆内登陆。当一切准备妥当后，丹麦领事突然犹豫起来，拒绝沪港海线在领事馆登陆。这时，大北公司得到了上海海关法国籍经理威基谒（S. A. Viguier）①的帮助，将电缆从法国海军在上海的军事基地引上岸，并将线端置于威基谒的平房内。据大北公司报告记载，沪港海线登陆吴淞口的时间是 1870 年 12 月 8 日的傍晚。

---

① 威基谒（1837—1899），1860 年进入中国海关，后来在上海、广州、牛庄等地任职。1870 年被大北公司录用，参与第一版中文电码的编制工作，与大北公司总办蒂礼也关系甚好。

"借着月光，电缆被秘密地从内海起出，溯扬子江而上至吴淞江，在旗昌洋行线路终点以下一哩（英里）处，将线头引上岸。"[14] 那晚之后，所有的船只和工人迅速撤离，以致在很长一段时间内，登陆一事竟未被外界察觉。

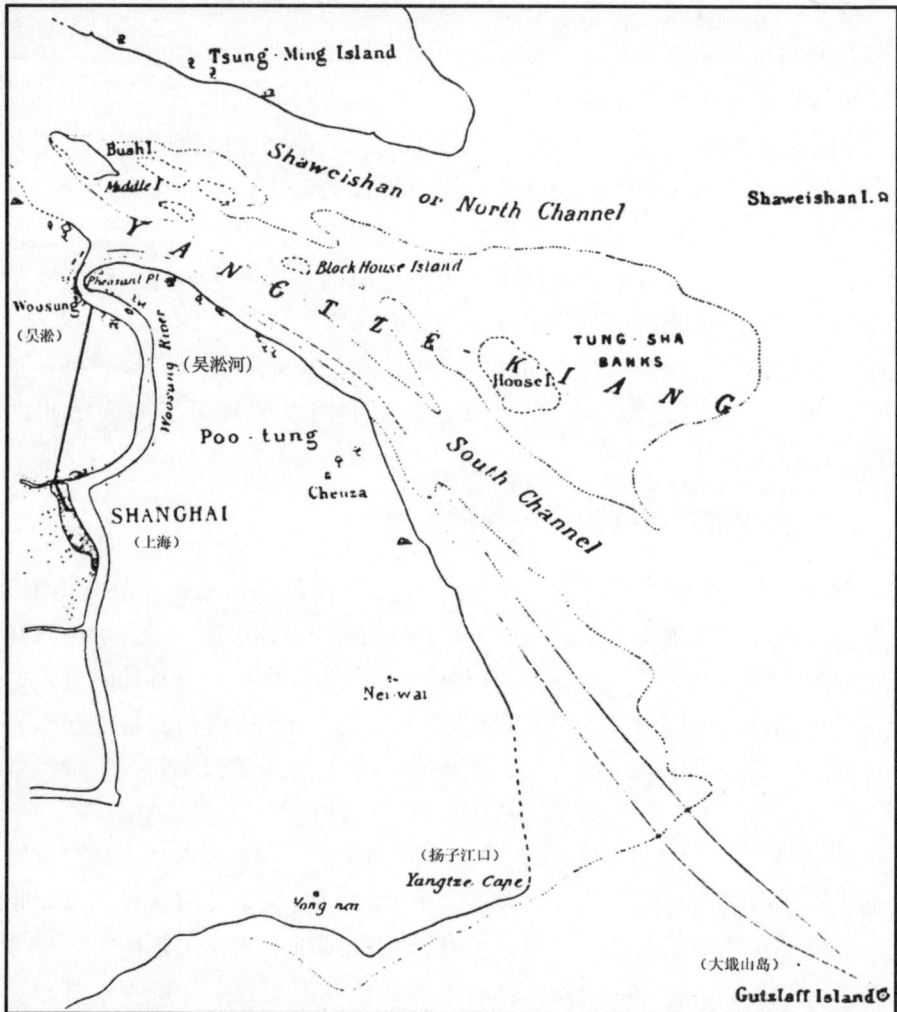

图 2-1　大北公司沪港海线登陆地形示意图[4]

不久，大北公司发现连接吴淞与上海的江底电缆经常被往来渔船刮断，通信因此中断数天。同时，电缆被盗情况也日益严重，渔民经常盗走岸边的电缆，将电缆中的铜剥出卖钱。为维护大北公司的利益，丹麦驻上海领事庄纯（F. B. Johnson）[①] 请求中国地方官府为电缆提供保护。上海道台拒绝了这一请求，认为电缆与中国无关，根据通商口岸条约清政府无需为此提供保护。据大北公司称，1872 年夏天偷走电缆的中国乡民其实是受中国官员指使的。后来，在其他西方国家驻上海领事的一致要求下，清廷下令逮捕偷窃者，并在上海租界法庭进行审判。最终，主要罪犯被罚 200 杖，并拘留 2 个月。

为解决这些问题，大北公司在吴淞修建电报房，将电缆捞起并由吴淞修建直达公司电报大楼的陆线电报。因为南京路地界属于租界范围，这条电线的修建没有引起当地官员的注意。另外，为方便在农田及路边竖杆架线，公司给予沿线百姓、地保一些小恩小惠，整条线路未遭到当地乡民的破坏。1873 年 8 月，吴淞陆线电报开通。8 月 15 日，上海的一份英文报纸报道了此事，并在第二天发表了这样的观点："地方官对于进行现代化改革的态度开始发生转变。"[15]82 同时，此报道也引起上海道台沈秉成的重视，他必须在总理衙门怪罪之前处理好这件事情。

很显然，沈秉成对大北公司复杂的背景并不了解。他立即联系英国驻上海领事麦华陀（Walter Henry Medhurst）[②]，令其通知大北公司立即拆除电线。麦华陀以"（此事）系大北电报公司所为，必须与各国领事会议"为由，拒绝了沈秉成的要求，并告诉他："美总领事西华在沪最久，凡遇公务须归主持，坚嘱照会各国领事公商。"[8]108 这样，就将此事推给了美国驻上海总领事西华（George F. Seward）[③]。

无奈之下，沈秉成又照会英国等 13 国领事，要求其通知大北公司撤除海线电报房，并拆除吴淞陆线。9 月 30 日，美国领事西华代表 13 国领事回复沈秉成，认为架设吴淞陆线并无不妥，无需拆除，更是以此线与俄国相接为由，将问题抛给中俄双方。理由如下：

> "来照所指乃丹麦公司。他们的电线与俄罗斯电讯相连接，因此俄国政府与此有关。由于此事引起的后果，阁下所提抗议如认为再须催促执行，则与此最为有关的丹麦与俄国领事，可直接照会敝等较为

[①] 庄纯，英国人。清同治六年至光绪二年（1867—1876 年）任署理大臣，清光绪二年（1986 年）任领事，直至清光绪七年（1881 年）。
[②] 麦华陀，清同治九年十二月至光绪六年正月（1871 年 1 月—1880 年 3 月）任英国驻上海领事。
[③] 西华，清同治二年七月至光绪二年四月（1863 年 9 月—1876 年 5 月）任美国驻上海总领事。

合适。"[16]

沈秉成与西华之间的谈判没有取得任何进展，于是他将此事汇报给南洋通商大臣李宗羲，李宗羲又将此事汇报给总理衙门。1873 年 10 月 10 日，总理衙门照会英国、美国以及丹麦驻华大使，因吴淞陆线违背"1870 协议"，要求各国领事通知大北公司立即拆除。总理衙门的努力也没有起到丝毫作用，各国领事不仅没有令大北公司撤除电线，反而在背地里告知尽量拖延，以造成既成事实。正如美国驻华公使所说：

> "我们大家都主张，最好不理会该通牒。因为，如果展开讨论，吴淞安设电报房的事，是没有理由来辩护的。"[17]

1872 年秋，大北公司又通过同样方式在鼓浪屿租地修建电报房，将沪港海线在厦门登陆。1873 年 2 月，大北公司开始在鼓浪屿收发电报，自此厦门也被接入沪港海线网络中。

1876 年，因福建电报事件，清政府又令大北公司拆除吴淞陆线，但未成功。后经多次交涉，仍未奏效。直到 1883 年，清政府才用 3 000 两白银①购回这条陆线电报。

第二节　大北电报公司与福建通商总局的合作

19 世纪 70 年代中期，日本入侵台湾，中国海防受到威胁，电报在军事上的作用引起朝廷的重视。沈葆桢、李鸿章等洋务大臣逐渐认识到这种新的通信方式在抵御外敌时的重要性。电报逐渐被朝廷接受，一些电报建设工程开始启动。

一、马尾陆线电报的建设

马尾陆线全长 38 里，起点是洋行、洋商的聚集地福州台南，终点是洋船的停靠港口罗星塔，该陆线修建的契机是 1874 年的日本侵台事件。由于

---

① 晚清时期中国币制混乱，银元虽已流行，但银两依然在大宗交易中广泛使用。

罗星塔位于福州马尾以东约 3 里处①，所以又被称为马尾线。

1874 年，日本借口"台湾番民杀害日侨"，出兵进攻台湾。朝廷急调船政大臣沈葆桢任钦差大臣，办理台湾等处海防事务。沈葆桢与福州将军文煜、闽浙总督李鹤年②一起上奏应对之方，提出"联外交、储利器、储人才、通消息"等对策。他们建议修建由福州陆路至厦门、厦门海路至台湾的电报线路，实现闽台之间的瞬息通信。6 月 14 日，奉上谕：

"所请设电线通消息，亦著沈葆桢等迅速办理。

所有福建设立电线，均归中国自办，一切费用，官为筹给。"[18]325

当日，沈葆桢即离开福州前往台湾，其助手福建水师前监工日意格 (Prosper Marie Giquel)③ 留在福州代表沈葆桢与文煜、李鹤年一起主持电报之事。

日意格，法国人，1861 年 10 月进入中国海关，历任宁波、上海、汉口海关税务司。1861 年 12 月，太平军攻克宁波，日意格参与组织中法两国混合部队"常捷军"，亦称"花勇"，协助清政府镇压江浙的太平军，由此结识左宗棠。1866 年，日意格辞去江汉关税务司一职，随左宗棠前往福建创办福州船政局。创办初期，左宗棠聘德克碑（P. A. N. d'Aigwebelle）和日意格为福州船政局的正、副监督，后因日意格兼通汉文，变为日正德副，主持一切建厂、造船，以及设立学堂培养制造和航海人才等工作，以沈葆桢总理其事。台湾事件发生时，日意格已经退休。在李鸿章的劝说下，日意格于 1874 年春季重新回到沈葆桢身边，助其备战[19]。这次机会使日意格成为促成清政府和大北公司合作的重要人物。大北公司档案表明，日意格曾多次与大北公司讨论如何将电报引入中国。6 月初，日意格来到福州，写信询问大北公司总办蒂礼也（G. H. N. Dreyer）是否能够修建福州至厦门的陆线电报和厦门至台湾的海底电缆，并希望蒂礼也能在清

① 马尾是福州府下闽侯县辖的中歧乡的一块地方，在马县山脚下，故称马尾。它地居福州以东 40 里的闽江北岸。福州船政局即设在马尾。罗星塔居白龙江、乌龙江、闽江汇合处右岸，有宋朝为林七娘修建的一座高达 30 米的石塔，是闽江从福州到海口的咽喉。
② 李鹤年（1827—1890），字子和，奉天义州人。历任御史、给事中、隶布政使、河南巡抚、闽浙总督等职。
③ 日意格（1835—1886），原系法国海军军官，1856 年来华，1857 年参加了第二次鸦片战争，曾任广州联军委员会翻译。1866 年辞去江汉关税务司一职，跟随左宗棠参与福州船政局建设。朝廷在 1868 年为日意格加提督衔，1877 年加一品衔，赏黄马褂。日意格还曾被准戴红顶花翎，赏一等宝星。

政府正式文函下达之日即从上海赶到福州，与福建当局商议合作事宜。

尽管蒂礼也没能立即赶往福州，但大北公司还是在文函下达后的第三天（6月16日），通过美国驻福州领事戴兰娜（M. M. De Lano）①，连同英、法、德各国驻福州领事一起照会通商总局，请准修建福州南台至罗星塔电报，其理由如下：

> "据本口洋商会禀商等，洋行皆在福州之南台，所有洋船皆在罗星塔马尾，每日各有事情，电报极其紧要。缘一分钟时候要得信息，非电报不行。必须设造电线自番船浦务洋行起至马尾罗星塔地方。"[20]

该电报线路拟由厦门洋商组建的电报工会出资修建，由大北公司承建，中方不必出资，还可使用该电报线路收发官、商电报。但大北公司要求通商总局为电线提供保护，选派官员与洋匠一起安插电线杆，并用汉字在木桩上刻上"此桩系中国官所立"的字样。大北公司通过这种借官压制的方式，既能解决当地百姓对洋人架设电线的顾虑，又能防止百姓毁坏或盗窃电线。可见，大北公司对中国当时的社会状况非常了解，是事先做过考察和研究的。

5天之后（6月21日），福建通商总局函复美国领事，同意大北公司修建马尾电报，并与大北公司签订合同。大北公司抓住了第一个在中国内地合法修建陆线电报的良机，紧锣密鼓地开始行动。

1874年6月23日，蒂礼也带上所有工程物料前往福州。6月28日开始动工，7月8日完工，7月12日开始通报。大北公司与闽省府的第一次合作非常顺利。据西方报纸报道，7月20日，李鹤年参观了福州电报房，电报通信的迅速快捷给福建官员留下了深刻印象。

福建通商总局如此迅速地与大北公司签订电报合同，这让通商口岸的外国机构感到很惊讶。据蒂礼也分析，这可能与闽浙总督李鹤年急于向同治帝邀功有关，尽管这条电报线路对清政府来说没有太大的军事价值，仅能够用来传递福州船政局和福州官府之间的消息。同时，李鹤年还要求厦门地方官员使用大北公司的沪港海线传递台湾方面的消息。[15]111

意外的是，朝廷急切需要修建的福州—台湾电报线路，却未能像马尾电报工程一样顺利实施。在马尾电报动工之前，大北公司突然收到美国领事西华发来的电报，内容是沈葆桢请求朝廷取消修建厦门至台湾海线，并

---

① 戴兰娜，清同治八年至光绪六年（1869—1880年）任美国驻福州领事。

且已经得到李鸿章的支持。

于是，蒂礼也在处理完马尾电报事务后，立刻赶到台湾府与沈葆桢、日意格商议修建台湾电报事宜。1874 年 7 月初，双方协商签订了总价值为 242 500 两白银的合同。该合同包括两份，一份是从台湾府沿正北方向与虎尾相连，然后通过海底电缆与福清方向的佤南寨相连的电报合同；一份是连接台湾与澎湖列岛的合同。大北公司立即将此结果汇报给哥本哈根总部，但是董事局并不满意这份合同。他们认为，合同的总价还不够支付材料以及劳务费用，要求蒂礼也与沈葆桢重新商议，提高合同价格。

中方这边，沈葆桢因大北公司索要费用过高，不同意继续谈判，希望能延期商议。在此期间，日意格曾找到法国人威基谒，希望法国能与沈葆桢合作。尽管威基谒与蒂礼也私交甚好，但法国也没有能力以更低的价格完成任务。最后，威基谒只能拒绝日意格的好意，朝廷也同意了沈葆桢延期商议的请求，这份修建台湾电报的合同没能执行。

沈葆桢取消修建台湾电报的合同，一方面是因为高额的费用，另一方面可能与台湾军情的缓解有关。台湾事件发生之后，英国公使威妥玛一直扮演和事佬的角色，积极组织中日双方谈判，毕竟英国方面也不希望大北公司独占在中国的电报业务。在威妥玛的多次建议下，李鸿章也有了取消修建台湾电报的想法。

二、福厦陆线电报的修建

随着厦门—台湾海线的取消，福州—台湾电报工程只剩下福州—厦门陆线电报工程。于是，在马尾电报完工后，大北公司开始计划与福建通商总局的第二次合作：修建福州—厦门陆线电报线路（以下简称福厦电报）。与马尾电报相比，福厦电报连接福州、厦门两大通商口岸，路线长，商业价值高。不过，福厦电报的修建比较曲折，经历了签订合同、更改合同和解除合同三个阶段。除大北公司和通商总局外，还牵扯到英、俄等国的利益。在这次合作中，由电报引发的关于电信主权和文化观念的分歧成为影响近代电报技术向中国转移的主要因素或者说障碍。

1. 签订协议引发纷争

1874 年 7 月 25 日，美国领事戴兰娜向福建通商总局转达了大北公司关于修建福厦电报的三项条件，请总局任择其一：一是，由大北公司自设，以后闽省府经该线发往厦门、上海及香港的官电，均免费。二是，架设电线两条，一条由大北经营，一条归闽省府专用，业务暂由大北公司代办，官府如有合适人选即可随时接管。三是，由闽省府出资，大北公司承办，并代办业务，免费培训电报人员。

大北公司认为，第二项条件对中方最为有利：

"查此情节其第二条甚属妥协，不费分文而得电报无穷之用，且司理人员由官自委，往来信外人不得而闻，实为便捷。"[21]

通商总局似乎也对第二条比较满意。闽浙总督李鹤年认为，福厦电报对加强厦门的军事防御能力很重要，且修建福建电报已经获得朝廷奏准，于是同意了大北公司的请求。1874 年 8 月 1 日，通商总局官员陆心源正式代表通商总局与大北公司商议修建福厦电报事宜。不久，通商总局即派官员虞际清与大北公司工程师一起勘察路线。福建巡抚王凯泰负责电报器材与工程师的安全。

1874 年 8 月 15 日，大北公司厦门代表恒宁生（Jacob Henningsen）拟定一份协议，并由戴兰娜转递给通商总局官员陆心源。协议内容包括：

"一、通商总局议准派干员会合电线公司人员沿途查勘会议，选择设桩路径以备动工，启程日期仍由公司人员拟定。中国地方官沿途保护工人，设立柱线成功之后，亦当永远保护。所立桩柱不得穿城；不得在街道中间竖立桩柱，有碍行道；又不得碍人家坟墓之处。如遇民田必须与民田主商酌，允愿方可，但田主不得习难抬价。并准该公司沿途每三十里左右租地设立华民看守更房，其租价该公司与地主议妥。并所过兴泉州两府租地设立住房，亦合上句一式议妥租价，以备司理电线，洋人住歇。

二、自立电线之后议准三十年不许他人另设由省至厦门电报。如中国官日后要与公司买此电线，该公司愿照原本加息核算让与中国官，其息自成功日起至买日止。每百若干元算息，由中国官与该公司妥议算还。该电线日后果与中国官买去，该公司不得另设由省至厦门电报。

三、北路电线公司自愿设立一柱双线，一为官用一为商用，公司自备资斧，派员司理官报，省城并兴化、泉州及厦门住馆以及电报机器，公司情愿自备。如中国官员派生童学习电报技艺，该公司亦愿教习不取分文。如生童技艺学成，嗣后中国官派人自行司理。

四、所有一切官报必须用印，将印式先行给予公司存留，各馆一式以备核对。如与印式相符，即行飞报，不准耽搁。若印信不符，即不行报。如此，可杜绝将来假冒之弊。

五、所有福省、兴泉以及厦门官报馆舍议准与公司一处合住，不得另设他馆。所有电线等件是公司之物，嗣后如中国买去自归中国官为主。

六、一切官报随到随发，按处飞递，不得稍留。并不得刷印于新闻报上，并不准公司人等张扬其事。其中如有假冒官报，中国官必须严紧查察，将该犯按律惩办。"[22]

陆心源接到此协议稿后，对其中几条提出异议，例如"一柱双线"与此前"架设电线两条"不符。经过一番修改，陆心源将其转交给美国领事戴兰娜，等待大北公司回复。

沈葆桢得知此事后提出不同意见，认为福厦电报应照原奏"所有福建设立电线，均归中国自办，一切费用，官为筹给"，并请求总理衙门上奏朝廷严惩李鹤年。对此，李鹤年为自己进行了辩护。他认为，根据协议中的第二条清政府可以在任何时候购回福厦电报，并不违背自办的规定。沈葆桢与李鹤年关于电报所有权的争论，最终阻止了合约的签订，但李鹤年并未因此放弃对大北公司的支持。据说是因为李鹤年在福厦电报建设中收受了大北公司的贿赂。[23]

由于沈葆桢的突然反对，大北公司与通商总局的合作陷入困境。8月21日，通商总局通过美国戴兰娜领事致函大北公司，要求工程从缓进行。该信中这样写道：

"恐中国总理衙门以洋商包办之价较廉，令其包办。一经自行设立后，不但不向公司价买，定必将公司线柱一概全令撤去，以杜夺中国利益。此节已经令周太守当面说明，恐言语不通，传话参错，故再奉达。敝道自来不肯失信，倘不致此果属妙事，苟或竟致于此，恐将来有辜。"[24]

通商总局认为，大北公司要价过高，通知公司降低价格，以确保万无一失。信末写明：

"总理衙门核定准行文书到日，始令该公司设立方为万妥，该公司将来无折本之患也。"[24]

此信末尾未署名，推测执笔人可能是通商总局官员陆心源。陆心源应该是秉承其上司李鹤年的授意。整个事件似乎仍在李鹤年的掌控之中。

9月初，李鹤年、王凯泰、文煜与戴兰娜一起再次商讨福厦电报情况，他们仍然支持修建福厦电报。9月5日，蒂礼也在给大北公司董事会的报告中提到，虽然没有收到中方签字盖章的协议，但他断定通商总局已经同意大北公司修建福厦电报，因为通商总局在等待电报线路的勘察报告。事实上，大北公司此时并未收到由总理衙门签字盖章的合约，但公司认定之前陆心源的口头承诺即是中国的官方许可。大北公司自9月初开始从欧洲购置电报器材，准备电线杆，雇佣中国工人。

2. 俄国施压导致停工

由于丹、俄两国一直关系甚好，且俄国拥有大北公司三分之一的股份，因此，大北公司很快将修建福厦电报的进展情况告知俄国。1874年8月30日，俄国驻华公使布策（Eugen Bützow）①威逼清政府，提出修建佳木斯—天津电报线路。布策的逻辑是由于马尾电报由丹麦大北公司修建，根据1862年奕䜣对俄国的承诺，中国必须允许俄国修建佳木斯—天津电报线路②。对此，奕䜣予以否认：

> "中国现因办理台湾紧要事件，是以自福州至闽江口设立电线，专为往来便捷，均由中国官为经理，一切费用亦由中国官发给，并未准外国举办。"[8]123

总理衙门一面与布策周旋，一面令福建通商总局立刻购回马尾电报。俄国的介入改变了事件的发展方向。

1874年9月，通商总局与大北公司协商购回马尾电报事宜，遭到大北公司拒绝。此时，对大北公司来说马尾电报非常重要，它是保证福厦电报顺利修建的唯一筹码。如果福厦电报能够建成，大北公司根据之前与通商总局签订的协议，可以获得福厦电报线路30年的垄断权，从而大大提升与大东电报公司竞争的实力。另外，持有大北公司三分之一股份的俄国，更可以向清政府施加压力，从而使其允许修建上海—北京—佳木斯电报。

一个月后，布策仍未从总理衙门那里得到满意答复，于是将大北公司与陆心源在8月商议的"六项协议稿"的复制本寄给了奕䜣。对此，总理

---

① 布策，清同治九年（1870年）任驻华署理使臣，清同治十三年至光绪四年（1874—1878年）任俄国驻华公使。

② 清同治元年（1862年）俄国第一个向总理衙门提出架设电报线路，但遭到拒绝。奕䜣为了敷衍俄国，于清同治元年正月十八日（1862年2月16日）照会俄国驻华大使把留捷克，允准保留俄国在华设立电报的优先权。

衙门以协议未加盖公章为由，认定合同无效。在布策的一再催逼之下，总理衙门决定停建福厦电报。11 月 23 日，总理衙门正式通知布策：

> "民情不愿，势难开办，是以终止（福厦电报）。"[8]126

总理衙门做出这样的决定，除因无法购回马尾电报而受到俄国牵制外，还与日本取消进兵台湾计划有关。在英国公使威妥玛的调解下，中日双方经过 6 个多月的谈判，终于在 1874 年 10 月签订了一份和解协议[25]。日本停止进兵台湾，暂时缓解了海防压力，对朝廷来说电报在军事上的需求随之降低。

因为俄国公使布策的介入，福厦电报工程陷入僵局。9 月 30 日，通商总局通知大北公司延期开工、从缓举行：

> "查此项电线先准美国戴领事函，请前督办陆观察商由厦门至省安桩设线。当由陆安设，恐碍居民，随经敝局委员会同电报公司前往，会同地方官确切查勘。据各县先后禀覆事多窒碍，保护为难，将一切情形函复戴领事在案。现在尚未议定，急切举办，恐滋端合，就照覆贵领事烦为转饬电报公司从缓举行。"[26]

10 月 10 日，大北公司还是迫不及待地动工了，而且还顺利完成大约 32 里长的距离。大北公司毫不理会通商总局延期开工的通知，一方面是因为公司急于抓住这个难得的机会在中国陆地合法修建电报线路，另一方面是因为公司对李鹤年和通商总局的支持坚信不疑。

与此相反，总理衙门突然下令停办福厦电报以及购回马尾电报的失败，迫使通商总局不得不要求大北公司停止施工，并拆除已设电线。

10 月 13 日，通商总局致函美国领事要求转告大北公司及早停工：

> "贵领事所请自厦至省设线一事，亦不过彼此相商共同酌议，并未详立章程用印签字，何以此时不候议准，突然兴工。揣公司之意大都欲自向居民商买地址，得寸则寸，得尺则尺，以为愚民图利准可成功。然六百里广土众民安能人人悦服。设有一二处绅民作梗，聚众阻隔，非尽弃其前工，即废弛于半路。彼责地方官不加保护，则地方官业已禀阻在先，势难加责。况此次系不候议准，擅自兴工，本总局亦断不任将来之咎。总之此项电线实为居民不愿，现即勉强举行，而日后之拔桩毁线，聚众纷争，皆属意料中之事。一经损坏，在本局与地方官均有言在先，因属两无干系。贵领事烦为查照转致电线公司，及早停工。"[27]

11 月 7 日，通商总局再次通知大北公司及早停工：

"查自省至厦由陆路安设电线，前因本总局未经议准，公司擅自安桩。当经照请戴领事转致电线公司赶紧停止在案。兹查前项电线延今尚未撤除。闽省下游风气向以勇力自矜，遇有关系地方之事，往往一呼而集，聚众纷争是不独。未设之桩势难再设，即前项已经安设各桩线，亦应赶紧撤除。贵领事烦为查照务饬电报公司迅将前设电线设法裁撤，否则恐被乡民拔除损坏，莫怪地方不为保护。"[28]

然而，大北公司对通商总局的通知置之不理、一拖再拖，既未停工也未拆除已设电线。李鹤年左右为难，既得罪不起洋人，又难违圣意。于是，他开始派人四处制造舆论，以洋人私设电线破坏风水为由，煽动百姓闹事。1874 年底，闽省多处地方发生电线被剪、被盗事件，愈演愈烈的破坏活动一方面源自闽江下游百姓本身的反洋情绪，另一方面来自官方的授意。

到了 1875 年，继续修建福厦电报已经很困难。1875 年 1 月 4 日，大北公司与通商总局协商，同意将马尾电报卖与清政府，条件是公司继续修建福建—厦门电报并享有其经营权。对此，通商总局表示只能同意购回马尾电报，拒绝由大北公司继续修建福厦电报。协商失败后，大北公司不顾通商总局的反对又继续开工。通商总局则继续制造舆论，甚至刊发通告，煽动百姓抵制和破坏电报的修建，逼迫大北公司停工。以下为两则通告原文：

一、

"为公众议以此戕害，兹闻洋人自厦安设电报，由陆路以达省垣，必由我乡地界安桩，陵墓田圃居多，风水最为关紧要，一动工势必伤害。诚恐无知乡民贪洋人利息，或私自以地出卖或暗受其利，以引不顾阴地龙脉，不知田圃窒碍。今特约众公议为此告白，各乡连为一体，共同禁止，不准以地私卖洋人以及受利，同请若有前项等情，定必鸣众公，决不原情。倘有洋人强买，亦即携众理，断难任其贻害，各宜遵照谨此告白。"

二、

"告白通知番人电报非遵合约，我等若听竖柱造作便是奸民，上难逃国法，下定千众怒。所有我等门前屋后坟畔田间若要竖柱牵紧铜线，当令番人立字与我等。并无取伊钱银，并无其造作，系伊强作，后如遗失以及损坏不干我等。地主之事方可听从，如奸贪之民敢收其钱银，不与索取约字，而听强造，我等闽厦众民当共诛之，将其害告白通知。"[29]

3. 丹麦公使寻求外交支持失败

1875 年 2 月，双方的矛盾越来越大。于是，大北公司求助丹麦公使拉斯勒福（Waldemar Rudolff）①，希望通过外交手段解决纷争。

事实上，大北公司自成立之日起就一直资助丹麦外交机构。拉斯勒福是 1874 年公司向丹麦国王推荐任命的首位驻华公使，其目的是帮助公司争取更多在华修建电报的合法权利以及其他权益。拉斯勒福是丹麦前任将军，1863 年曾带领一个外交使团来到中国寻找商机，并成功要求清政府给予丹麦和其他西方国家同样的在华特权。同时，拉斯勒福与大北公司董事长铁德根又有很深的私交，他早先帮助大北公司招募员工，并将他们带到中国。1874 年 12 月，拉斯勒福以代表丹麦国王祝贺同治帝亲政的借口来到中国。不过，丹麦舰队到达中国不久，同治帝就驾崩了。接下来的政治动荡使得拉斯勒福未能为大北公司争取到修建陆线电报的权利。但拉斯勒福此次中国之行，却为大北公司沪港海线争取到清政府的保护。

1874 年 12 月底，拉斯勒福到达北京后，立刻与西方各国驻华公使取得联系，希望运用外交手段迫使总理衙门同意对外国海底电缆提供保护。他的提议得到英、法、俄、德、美等国的支持。12 月 26 日，美国公使首先照会总理衙门，要求依照拉斯勒福所请保护大北公司所设沪港海线。28日，丹、英、法、俄、德等国也分别照会总理衙门，要求保护大北公司沪港海底电缆。

1875 年 1 月 11 日，总理衙门回复威妥玛等各国领事。奕訢首先回顾了从清咸丰十一年以来各国大臣请设陆线电报的情况。之前，总理衙门均以电线难免损坏为由拒绝。清同治九年，威妥玛提议敷设海底电缆，总理衙门也以盗匪出没，万难设法保护为由拒绝外国海底电缆登陆。奕訢认为，大北公司沪港海线的损坏与中国无关。但为了表示友好，奕訢在信内

---

① 拉斯勒福，清同治十三年十一月四日（1874 年 12 月 12 日）任丹麦驻华公使，一直居住在俄国驻华使署内，直至清光绪元年五月十二日（1875 年 6 月 15 日）。从清光绪二年至宣统三年（1876—1911 年）丹麦驻华使臣职务均由俄国大使代办。

末节表示，已将各领事来函抄录转发给沿海各省大臣，要求各省大臣商议如何办理保护事宜。

2月1日，总理衙门收到各国大使照会，他们虽然不认可奕䜣提出的保护海线的种种困难，但对奕䜣最后的做法表示赞同。双方交涉比较顺利。

4月9日，总理衙门接到广东巡抚张兆桐关于海线保护的复函，称海线保护一事应通饬沿海地方文武官出示晓谕，所有往来渔商各船只须谨慎驾驶，如遇偷窃电线者应查拿严惩，但地方官不承担赔偿责任。此后，各沿海地方官均照此法行事。

鉴于拉斯勒福之前的出色表现，这次修建福厦电报出现严重危机后，拉斯勒福更是代表大北公司直接与总理衙门谈判。根据之前的经验，拉斯勒福首先找到英国公使威妥玛，希望其支持大北公司修建福厦电报，却遭到拒绝。威妥玛逐渐意识到支持大北公司受益最大的是沙皇俄国（俄国达到修建北京—佳木斯电报的目的），而对英国来说却得不到任何好处，且俄国的扩张已经威胁到英国在华的利益。威妥玛认为，大北公司只是获得闽省府的支持而非朝廷的批准。他希望的结果是，清政府雇用大北公司建成福厦电报，大北公司在中方学会独立经营管理之前代为管理。最后，拉斯勒福仅得到俄国的支持。而此时，丹、俄两国利益的结合开始引起其他各国的注意和戒心。

不久，拉斯勒福向总理衙门提出福厦电报可由中国自办。1875年2月17日，崇厚代表总理衙门与拉斯勒福开始谈判，要求购回尚未完工的福厦电报。崇厚告诉对方：清政府负责对损害的电线进行赔偿，但有权决定是否继续修建以及如何修建电报线路。由于失去了英国和其他西方大国的支持，拉斯勒福不得不答应崇厚的要求。总理衙门立刻行文将谈判结果告知福建将军文煜、闽浙总督李鹤年以及福建巡抚王凯泰，并通知闽省府大北公司上海电报局已派人到闽商办福厦电报事宜。

1875年3月4日，拉斯勒福前往上海大北公司，在离开北京之前他给蒂礼也写了两封信。第一封信写于2月24日，他建议蒂礼也按照崇厚的要求商议修建福厦电报事宜，这样可以减少因电线毁坏和延误工期造成的损失。另一封信写于3月3日，他要求蒂礼也能在新订合同中附加关于福州—马尾电报的买卖合同。蒂礼也对这样的结果感到很失望，他认为这次对总理衙门的妥协是大北公司在中国取得合法修建陆线权过程中的一个巨大的退步，大北公司只能在有关赔偿和售卖电报线路的谈判中获利。

三、福厦陆线电报的停工

1. 违背指示，草签合同

1875 年 2 月 28 日，总理衙门正式奏请朝廷："闽省电线宜及早商定买回，请旨饬下沈葆桢会同李鹤年等妥筹办理。"当日获准。3 月 1 日，总理衙门将清帝朱批抄送给文煜、沈葆桢、李鹤年和王凯泰，并告知拉斯勒福，福厦电报由沈葆桢负责办理。于是，拉斯勒福留下其翻译淑尔赐（C. A. Lintenant）与沈葆桢进行谈判。

沈葆桢与王凯泰意见相同，主张购回官办，所需费用由海防经费支付。沈葆桢在函中称：

> "购归官办，方有结局，巡抚（王凯泰）深以为然。兹拉使既自愿归之中国，则其机至顺，不致另生葛藤。临行时得巡抚函，商以购费归海防之销。"[8]152

1875 年 3 月 30 日，当淑尔赐到达福州时，沈葆桢已经离开前往台湾，双方并未直接进行商谈。淑尔赐随即将沈葆桢不在福州的情况汇报给拉斯勒福。4 月 10 日，淑尔赐收到拉斯勒福回文以及电报账目一份。第三天，淑尔赐向通商总局呈出电报账目，包括福厦电报购回款 104 300 元以及所有赔偿款 52 800 元。对此，闽浙总督李鹤年以大北公司要价过高为由表示反对。总理衙门则要求李鹤年与沈葆桢一起商办处理此事。

尽管沈葆桢与李鹤年的意见不一，但两人均未与淑尔赐面谈过。他们认为淑尔赐仅是大北公司的一名翻译，不具备谈判的资格。在淑尔赐到达福州之前，沈葆桢借口台湾海防需要前往台湾，而李鹤年则在得知总理衙门指派沈葆桢负责福建电报谈判后，立即指派通商总局官员丁嘉玮代表通商总局与大北公司进行谈判。

不久，淑尔赐也离开了福州。谈判因此留给由李鹤年委派的通商总局官员丁嘉玮和大北公司总办蒂礼也。谈判进行得很艰难，丁嘉玮很难在沈葆桢与李鹤年的指示中做出两全的选择。1875 年 5 月 21 日，丁嘉玮与蒂礼也经过多次辩论，最终签订合同。合同规定：清政府以 154 500 元购回福厦电报，但仍由大北公司代为修建，8 月 15 日之前必须开工；先付30 000元，待修建完成再付 50 000 元，剩余 74 500 元以一年为期分作两期付清；中国官员必须负责保护电报器材和工人的安全，并教导当地居民不要干扰工程的进行。合同最后列出一份所需材料清单，但并没有提到购买福州—马尾电报的事情。以下是部分合同条款：

"一、议定中国所买建设福州至厦门电线仍归公司包办。

二、议定闽省大员须要督饬地方官实心随时保护造线工人，并一切器具务使全安。

三、议定动工日期不得逾至七月十五日，倘委员开导百姓明白，早期兴工、更便公司，亦当就紧建造完工以期迅速。

四、议定设立电线之时中国居民勿得滋生枝节、耽搁工程，如有此情应当责成地方官保护。

五、议定已造电报所有线桩机器各物件另开列于后。

六、议定包造工程以及各机器洋房更房一切齐备交还中国官管理，由给出银一十五万四千五百元整交约之日先交洋番三万元，俟报工竣之日再付洋番五万元，其余七万四千五百元以一年为期分作两期付清。

七、议定竣工之后中国官议请公司代为办理、电报传技艺等件章程另行会议立约。

八、议定马尾电线不在此案之内，今亦情愿卖归中国其价照公道之价另立议约。"[30]

关于大北公司代为管理电报和教导中国学徒一事，则另立合同一份。

依据合同，大北公司仍然拥有修建电报的决定权和代为管理的权利，并且获得地方官对电报建设的保护，这对大北公司极为重要。而对于清政府来说，好不容易重新夺回的电报权利再次失去。

对此，总理衙门表示不能接受。该合同既不符合"所有福建设立电线，均归中国自办，一切费用，官为筹给"的初衷，也不符合之前总理衙门与拉斯勒福在北京达成的协议。另外，通商总局在签订这份合同时，只是简单地讨论了购买和赔偿的价格，对于开工日期以及提供官方保护等内容都没有仔细考虑，甚至对合同最后要求必须以英文版本为准都没有表示反对。拉斯勒福在得知此事后，也意识到这份合同与他2月份与总理衙门达成的协议不相符。他对这种戏剧性的结果做出的唯一解释是，通商总局希望修建福厦电报的想法没有改变[15]125。显然，李鹤年与大北公司之间很可能继续保持着商业贿赂关系。

1875年5月17日，总理衙门照会拉斯勒福，要求核实合同内容。18

日，总理衙门又行文李鹤年、文煜、沈葆桢以及王凯泰，要求指明合同不合之处。

而此时，大北公司购回马尾电报之事也违背原议，公司坚持必须在建成福厦电报之后，才能由清政府购回。在1875年7月的谈判中，总办蒂礼也更是将之前议定的马尾电报购回款由4 000元提高到7 540元。此外，大北公司还要求签订一份由公司代为管理福厦电报和培训工人的合同，以三年为一期，每年30 000元。对此，沈葆桢认为：

> "前谓福厦电线可由外国人办理，故罗星塔一节情愿减价相让。
> 今则两处俱购归中国，无可生发，不能不索足原价，其鄙诈殊非人
> 情。而局员与之反复辨论，舌敝唇焦，牢不可破。然所争之数亦复无
> 多。唯福厦电线造成后，需局费每年三万元，三年方能传授清楚，则
> 未免过于离奇。已函嘱丁守，船政中张令斯桂、张倅斯枸兄弟，颇熟
> 电学，可邀与商酌。如能收回自造，所费必不及半，即须伊教导亦当
> 不至三年。"[8]183

虽然，沈葆桢不同意每年30 000元的管理和培训费用，但他仍然坚持按大北公司索要价格购回福厦电报，自行修建。

大北公司的做法惹怒了一直支持它的闽浙总督李鹤年。7月17日，李鹤年面授丁嘉玮，要求立即停止所有在建电报线路。8月9日，文煜致函总理衙门，报告李鹤年不与其会商，执意停办福厦电报，有违合同恐生枝节。沈葆桢也认为，这个时候违背合同取消所有在建电报，可能会导致清政府与西方各国关系的破裂。他们均不同意李鹤年的做法。在沈葆桢、文煜的极力劝阻下，总理衙门并未批准李鹤年停建福厦电报的请求。

李鹤年意识到总理衙门对丁嘉玮与蒂礼也签订的合同极为不满。于是，他在8月15日向总理衙门禀呈了福厦电报合同签订的整个过程。李鹤年对停办福厦电报一事解释道："泉州厦门等处绅民以电线之设不便地方，恐将来设有毁坏，附近居民必受其累，为害更烈，纷纷联名向府厅县衙门递禀，愿请停止。"[8]196他对丁嘉玮签订的这份合同，又是这样说的："鹤年督率其间，未能极力挽回，亦觉抚衷滋愧。"[8]196可见，李鹤年把责任推卸给了丁嘉玮和闹事的绅民。不久，李鹤年向军机处汇报修建福建电报情况，指责丁嘉玮草签合同，与大北公司关系大为可疑。

1876年1月，丁嘉玮即被革职查办，成为此事的替罪羊。

2. 购回马尾电报

闽浙总督李鹤年决意停办福厦电报，大北公司因此失去地方官的保护，在闽江下游遭到百姓严重抵制。福清县灌口一带，电线被抢，洋匠和工人被打伤，破坏较为严重。8月，李鹤年指派郭嵩焘与原办官员一起处理福建电报事宜。在8月16日的谈判中，郭嵩焘威胁大北公司，若公司仍不同意出售马尾电报，通商总局将会在福厦电报的修建过程中给公司制造更多障碍。于是，蒂礼也很快放弃了代为管理和培训的合同，并且按照原议的4 000两银子将马尾电报卖与清政府。

1875年8月26日，丁嘉玮代表通商总局与大北公司蒂礼也签订了两份新的合同，一份是马尾电报的购回合同（图2-2）；另一份是大北公司代为管理马尾电报的代理合同（图2-3）。清政府每个月支付大北公司300元，共计1 500元。

此事至此，本可顺利进行，但受李鹤年的指使，福厦电报工程实为明允暗阻，仍旧难以进行。

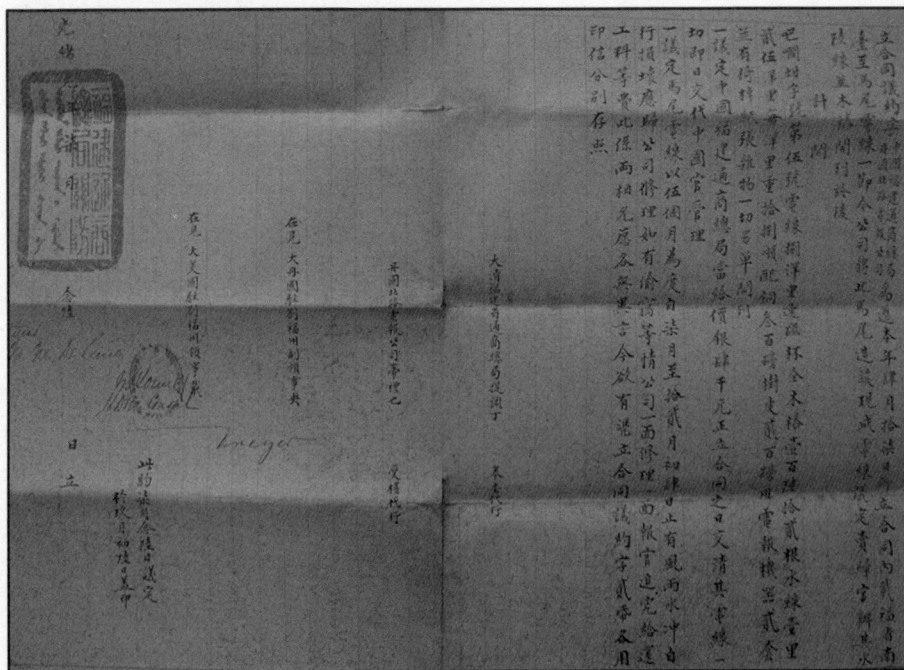

图2-2 福州马尾电报购回合同

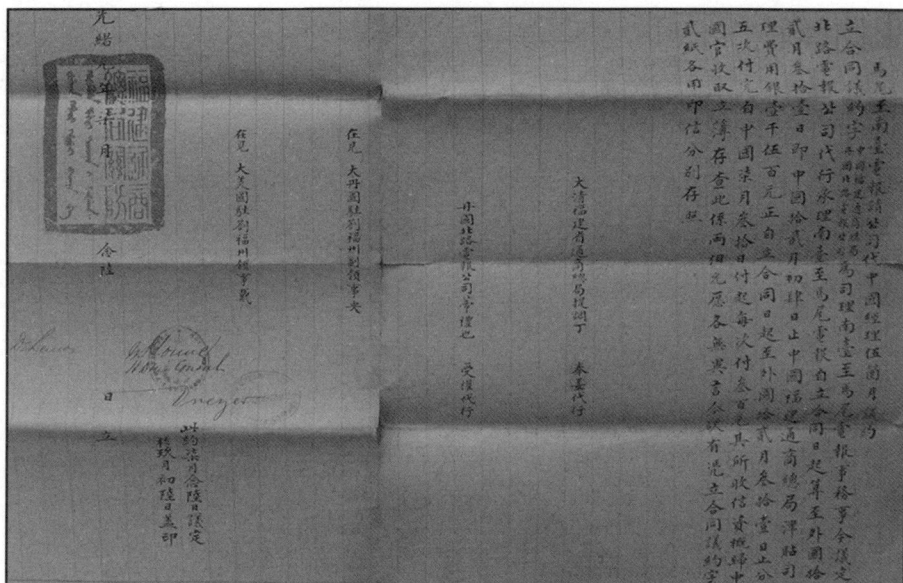

图 2-3　福州马尾电报代理合同[①]

四、福厦陆线电报的收回

1. 商议停办事宜

1875 年 8 月 15 日，福厦电报按原定计划开工，两天后发生洋匠被打、物料被盗的事情。19 日，工程进行到城门处，又发生百姓阻扰等情况。对此，大北公司要求地方官员严惩肇事者，而通商总局却以"此等开创事件，民情尚未帖服，只可切实告谕，不能骤加严办，以致怒心更难处理"[31]为由拒绝。8 月下旬，更是发生了多起地方官员无人在场导致工人无法从库房取料，居民不予卖地导致无法修建更房的情况，工程被迫停工。

9 月 30 日，闽籍京官、工科给事中陈彝突然上奏光绪帝，指责修建电报"深入地底、横动直贯、破坏风水"，是对祖先的大不敬，要求停建福厦电报。这对本来就十分艰难的工程来说，无疑是雪上加霜。陈彝的奏折引起朝廷的重视，地方绅民亦随之群情激昂。而此时，郭嵩焘已卸任闽臬北上，沈葆桢前往两江。李鹤年坚持成见，刚愎自用，福厦电报工程又陷入僵局。[12]254

---

① 图 2-2、图 2-3 均引自大北档案（二类 745）。

在这种情况下，大北公司任命何士克为新总办，接替蒂礼也处理福建电报事务。何士克到达福州后，立即查看电线被毁情况。所到各地皆闻百姓声称电报非官所建，泉州各乡更是印刷告示称福厦电报为洋人擅自修建。

10月7日，何士克致函通商总局要求尽快解决电线被毁事情，并要求严办偷窃者、广贴告示、劝导乡民、保护洋匠，以期按期完工。为此，何士克在信中还提出几项建议：

> "将毁折电线之各乡居民自古墩起挨乡查挐，乡间闹事匪民按律严办。再请大宪出示凯切晓谕，广贴各乡，使各居民咸知建造电线缘由。并派监工委员按乡督保广贴宪示，并有告白。与电线有碍者概行拆除，并嘱其挨乡传见绅耆督同开导百姓使各知悉。兴工安设桩线之时，各辖县令必须亲身在场弹压。监工委员应派武员三员，二员眼同头帮洋匠沿途插标，一员在乡劝谕居民。又派武弁一名带兵二十五名，早晚保护洋匠。"[32]

应该说何士克的提议是切实可行的，不过闽省官府并未采纳，而是任由电线被毁坏。面对此种情形，11月2日，何士克再次请求通商总局协助办理。

不过，何士克的努力并未成功，仅11月就发生了近十起盗窃事件。大北公司向通商总局汇报如下：

> "光绪元年十月初五日晚江北岸电线自58号木桩起至99号止，约六里被折去；
>
> 光绪元年十月初七日晚江北岸电线在黄码头地方自145号至152号被窃去；
>
> 光绪元年十月初九日晚江北岸电线在黄码头地方两处又被窃去，黄山自59号至72号，黄码头自126至129被窃去；
>
> 光绪元年十月初十日晚江北岸电线在猪拇岭自82号至98号被窃去；
>
> 光绪元年十月十一日晚江北岸电线在观音亭地方自67号至71号，猪拇岭自98至92号被窃去；
>
> 光绪元年十月十三日晚江北岸电线在观音亭地方自67号至77号被窃去；
>
> 光绪元年十月十八日晚江北岸电线在猪拇岭地方自85号至94号被窃去；

光绪元年十月十九日晚江北岸电线在鳌里地方自 108 号至 113 号，黄码头地方自 127 号至 138 号被窃去；

光绪元年十月二十一日晚观音亭地方鳌里处自 122 号至 129 号之线再被窃去。"[33]

电线破坏如此严重，工程难以如期完工。何士克又向通商总局建议：

"是否两头并行起造，以期早日竣工。"[34]

通商总局再次拒绝了何士克。经过多次交涉，福厦电报工程仍毫无进展，双方不得不开始商议停办事宜。

1876 年 1 月 18 日，大北公司拟定了一份停造协议，内容如下：

"一、省厦电线准可停造以一年为期，留洋匠两名在局伺候，其束修每名一年共三千六百五十元，一切看守更房人、囤电线之处概由中国官按月发给工资或中国官自行雇人看守，悉从其便。

二、合同内载应给之款除前付过三万元外，即日现行给还一半，应洋六万二千二百五十元。

三、修理以及误工应偿各项并算给归还公司领收，另立停造议约，如允照办即日定期会立合同。"[35]

通商总局难以接受大北停工一年仍要中方支付费用的无理要求，坚持认为一切费用应当从停工之日算起。通商总局认为洋匠随意插桩、强占民田，导致乡民阻扰是造成停工的主要原因。大北公司则认为通商总局无心修建，故意失职，纵容偷窃者，"中国官如果肯设，何患其功不成"。为此双方又起争执。

2. 签订新合同

1875 年 12 月 11 日，丁日昌被任命为福建巡抚，奉旨办结此事。他认为，泉州一带乡民遍贴告白，定要驱杀洋人，修建福厦电报的阻扰太大，如果停工不办，则违背合同；要办又不成，停工津贴越积越多。因此，丁日昌提出：

"将电线器具一律买回，十五万余元之数，能减则减，不能减则如数予之。所谓毒蛇螫手，壮夫断腕也。买回后，选择聪慧艺童，延请洋师教习。仍一律将洋字改为汉字，大约一年之后可以谙晓，其时即饬艺童建造。"[8]227

文煜、李鹤年对此无异议。

1876 年 2 月 26 日，大北公司新任总办哈伦（George J. Helland）来

到福州船政局与丁日昌谈判。哈伦指责闽省官府违背合同，质问丁日昌福厦电报办与不办究竟如何做主，若不继续办理请丁日昌写明原因，他将亲自前往总理衙门理论。哈伦又提出可由大北公司洋匠教习中国学生，但学成之后仍须按原定计划修建。丁日昌同意聘请大北公司洋匠教习中国学生，但不同意按原定计划修建。丁日昌认为：

> "设与不设或在原处设与不在原处设，仍由中国做主，他不能管。"[8]227

双方经过一番辩论，并未达成一致意见。

3月1日，丁日昌正式到任后，即委派轮船招商局总办唐廷枢等人与大北公司进行谈判。反复辩论十余次，于3月20日取消原定合同，续立条款：

> "一、抹销上年四月所立合同。
>
> 二、支付十五万四千五百元，所有福建省购买该公司电线房屋机器一切等物，均照合同分期点交通商局委员查收。
>
> 三、所有耽延工程经费利息，与大北未完工之工费相抵。
>
> 四、不能另请他国人员再造福厦一线。
>
> 五、若中国自造福厦电线，准与商民一体通信，既准与大北现成海线通递。
>
> 六、大北教习中国学童，议定一年，期满后去留由官方自主。"[36]

根据合同中的第四条款和第五条款，清政府只有自建电报才能避免福厦电报被外国电报公司抢建，而且该线路还要准予商用并与大北公司海线相连。由此可以看出，福厦电报仍受大北公司牵制。但清政府总算保住了陆线自主权，一场纠葛就此了结。

3. 建学堂、修电报

尽管福厦电报最终没能修建成功，但双方协商的关于教习中国学童一事却落到了实处，取得了成效。该合同于1876年3月26日签订，合同规定大北公司负责聘请教习3人，其中内总管1人，帮教习2人，教习中国学生电报知识。合同以一年为期，一年之后或留或走由中方做主。另外，大北公司派维修匠1人，免费教习中国学生维修知识1~2个月。

电报学堂设于原大北公司福州南台电报房内，1876年4月8日开学，共招收学员40名（图2-4）。这些学生一部分来自香港和广州，能说英语，其余来自由福州船政局创办的船政学堂。教学采用理论联系实际的模式，把电学知识与操作方法相结合，大多数学生学成之后即能从事电报员工作。同时，丁日昌还计划日后将少数最有希望的学生送往英国的电报学校、电报局学习线路勘测、安装、维护等知识，最终培养成电报工程师。尽管丁日昌最终没能按计划将最优秀的学生送往英国学习，但这样一所开办仅一年的学堂，还是为中国培养了一批重要的电报人才。英国人寿尔①就曾说："这样一个学校的建立，使中国有希望在将来采用电报设施。"[37]392

图 2-4 1876 年 4 月成立的福州电报学堂的第一批学生，
左起第一排第三位即大北公司教员恒宁生[15]

1876 年末，丁日昌赴台处理海防事务，通商总局又无意修建电报线路，于是一年期满之后按原订合同，将洋教习辞退回国。电报学堂虽只开办了一年，却取得了颇为理想的成绩，"其竖桩、建线、报打、书记、制造电气等艺，多已通晓"[28]243。这些结业学生，除一部分留在福州电局专门收发电报，其余均拨往台湾。

---

① 寿尔，英国海军官员，19 世纪 70 年代随英国兵船"田凫"号（The Lapwing）来到中国和日本，并把自己所亲见的若干事物记录成书，起名为《田凫号航行记》。

　　1877 年 1 月 29 日，丁日昌利用赴台视察的机会，从台湾当时的对外防御出发，提议利用福州库房中保存的电报器材在台湾修建一条长约 95 里的电报线路，得到李鸿章的支持。

　　5 月 8 日，丁日昌提出了架设电报线路的具体方案：

　　　　"台湾南北路途相隔遥远，文报艰难，设立电线，尤为相宜。臣现拟将省城前存陆路电线移至台湾，化无用为有用，一举两得。并拟即派学生六品军功苏汝灼、陈平国等专司其事。定于四月动工，先向旗后（今高雄）造至府城（今台南），再由府城造至鸡笼。目前暂不雇用洋人，倘于理有窒碍难通之处，即翻译泰西电报全书以穷奥妙，或随时短雇洋工一二人，以资参核。中国之言工也，儒在穷其理，匠人习其事，故理与器两不相谋，形上与形下终难一贯。今惟因器穷理，即理成器，庶几格致之学渐有端倪。将来仍拟将洋字改译汉字，约得万字可敷通报军情、货价之用，然后我用我法，遇有紧急机务，不致漏泄。"[18]334

　　5 月 26 日，朝廷批准修建台湾电报，8 月 18 日工程动工，同年 10 月 11 日完工。由于经费和器材的不足，只完成了从台湾府城到旗后的一段，并在台南、安平、旗后设立了 3 处电报房。这条长约 95 里的电报线路开创了中国近代电报事业的新纪元，也引起了世人的关注。英国人寿尔访问台湾后也指出：

　　　　"他（丁日昌）是一个有意志与才能的中国官吏，是在偏见与反对的面前做出了所可能成就的事业的典范；他将因这个政策而留名千古。在他的其他事业当中，他用一条电报线把首邑台湾府与大狗港（今之高雄）连接起来。"[37]144

　　从 1851 年第一本用中文编著的介绍西方电报技术的书籍《电气通标》在宁波出版，到 1861 年俄国公使首次向奕䜣提出修建北京—天津电报线路，再到 1874 年修建福建电报线路，整整用了 20 多年时间。1874—1876 年的福建电报工程经过几番谈判以失败告终，清政府再次中止西方电报技术的传入。直到 1877 年，才在丁日昌的主持下自主修建完成第一条朝廷批准修建的电报线路。

　　清朝廷决定在福建修建电报，契机是日本侵台事件。朝廷期望能自筹经费、自行办理，但受到技术和器材的限制，通商总局不得不与西方电报公司合作。通商总局是一个地方官府机构，大北公司是一个国际公司，双方在修建电报的目的和对现代电报技术的理解方面都存在较大差异，这是导致福建电报事业不能顺利兴办的主要原因。大北公司与福建通商总局合作的目的就是扩展电报网络，获取更多的经济利益，虽受到万般阻扰，仍坚持修建福厦电报。清政府方面因为主权问题和战事的平息而停建、撤除直至购回所有器材，买而不办。无论是沈葆桢还是丁日昌，他们看重的只是电报在军事通信上的重要作用，而非经济价值。

清政府与大北公司自身存在的问题是导致合作失败的另一个原因。总理衙门不具有独立的行使职权，一切指令都需要通过清帝的谕旨才能起作用。与此相反，地方督抚的权利逐渐增大，可以直接处理地方事务。所以，闽浙总督李鹤年不仅可以越过总理衙门私自与大北公司进行协商，而且还可以控制通商总局的下属官员。通商总局官员较低的管理和外交谈判能力、李鹤年等人的私人利益以及他与沈葆桢之间的矛盾等诸多因素交织在一起，导致了众多不合理合同的签订。大北公司在有利的条件下，高层管理人员为实现垄断通商口岸电报业务的野心，选择与沙皇俄国的联合，不仅失去本来赞成电报传入中国的其他西方国家的支持，更是遭到了英国的强烈反对。这次错误的外交举措，使得大北公司失去了在中国合法修建陆线电报的良机，最终导致修建福建电报的失败。

第三节　中国电报总局与大北电报公司的合作

如果说沈葆桢、丁日昌因倡导、修建台湾电报成为开创中国电报事业的先驱，那么真正带领晚清进入电报通信时代的则是李鸿章、盛宣怀、左宗棠等洋务派的主要人物。1880年，李鸿章从外交、国防的需要出发，选择与大北公司合作，修建了一条由上海至天津的省际电报，该线路于1881年12月24日正式开通营业。津沪电报的成功不仅推动了晚清电报建设，也改变了大北公司在中国的角色。大北公司在中国的业务除经营沪港海线外，主要以承揽电报工程、输入电报设备和技术为主。

一、津沪陆线电报工程

在支持洋务的大臣中，李鸿章是最早支持修建电报的人。早在1865年

3月，时任江苏巡抚的李鸿章就主张："与其任洋人在内地开设铁路、铜线，又不若中国自行仿办，权自我操，彼亦无可置喙耳。"[11]2261当时总理衙门和地方将领、督抚对待电报的态度比较一致，全面禁止设立任何电报线路。李鸿章的建议并未受到重视，结果不了了之。

李鸿章并未因此作罢，而是在等待合适的机会。1865年5月，因北方捻军在山东击毙了前来镇压的清军将领僧格林沁，令朝廷大为惊恐，于是立即任命曾国藩为钦差大臣，赴山东镇压捻军。李鸿章接替曾国藩之职，由江苏巡抚升任两江总督，其职务的重要性仅次于直隶总督。担任两江总督是李鸿章迈向中央政权的重要一步。1870年的"天津教案"再次给李鸿章带来机遇。经过此事，曾国藩成为千夫所指，朝廷为推卸责任中途换将。8月29日，曾国藩被调回任两江总督，李鸿章接任直隶总督之职。

鉴于国内外时局的变化，李鸿章通过对外交涉，深感兴办电报的必要性和紧迫性，于1880年9月向朝廷提交了《请设津沪折》，提议在上海和天津之间修建电报。李鸿章与闽浙总督李鹤年不同，主张自建，权自我操。正如英国人寿尔所说：

> "（李鸿章）赞成铁路、电报及许多外国的发明，并承认它们的用处，但是在把它们输入并应用到中国来的时候，他则完全坚决地要尽量不依赖外国人，并避开外国的势力。"[37]394

李鸿章选择在上海与天津之间修建电报线路，除军事原因外，也是他个人的需要。李鸿章一直希望能在天津李府与南方各省之间建立通信联系，因为一到冬季河流结冰之后，京城与南方的联系几乎完全被阻断，一年之中有四分之一的时间没有任何通信往来。

事实上，李鸿章在丁日昌主持修建台湾电报之前，已经成功试建了一条长约16里的电报线路。1877年春，当福州南台电报学堂解散后，李鸿章毫不犹豫地接收了这批学生，并在天津机器局东局的水雷学堂①开设电报课程，教习孩童学习电报技术。5月，李鸿章利用这批电报学堂学生修建了一条从东局到李府全长仅16里的电报线路。李鸿章在给刘秉璋的信中记述了这条电报线的情况：

> "日来由东局至敝署电线置妥，仅费数百金，通信立刻往复。即

---

① 1876年5月，李鸿章在天津机器局东局内添设电气水雷局，通称为水雷学堂或鱼雷学堂。最初主要教授各种鱼雷的原理和实际应用，以及安放与放设鱼雷的最新方法。

用局内学生司之，神奇可诧。各使均相道贺。执事闻之，将又哑然笑。数十百年后，必又奉为开山之祖矣。"[38]11

5月21日，李鸿章又写信给丁日昌，鼓励他修建台湾电报。李鸿章在信中写道：

"此间水雷学堂兼习电报诸童颇有进益。昨将东局至敝署十六里内试设电线，需费数百元，使闽、粤学生司其事，能用浅俗英语及翻出华文，立刻往复通信，洵属奇捷。闽中学堂已散，台地（即台湾）电报将如何试造，幸速筹办，俾可逐渐推广。"[38]12

如此，才有之前所述的丁日昌修建台湾电报之事。

1879年春，李鸿章又在大沽和北塘海口炮台自建电报直通天津，用电报指挥各营。除选派电报学堂的学生，李鸿章还委托大北公司采购电报器材，并雇用公司工程师监督指导工作。很显然，李鸿章在天津修建电报并未奏请朝廷。直至第二年，李鸿章才在《请设南北洋电报片》中首次提到这两条电报线，称其为试验线路。

1879年，伊犁事件促成津沪电报的修建。伊犁自1872年被俄国强占后，清政府一直在与俄国交涉归还事宜。1879年10月，崇厚前往俄国谈判，擅自签订《里瓦机亚条约》，把大片领土拱手相让。消息传来，朝野震惊。清政府迫于压力，改派曾纪泽去圣彼得堡重订条约。沙皇俄国发动战争，在中国西部边界附近增兵，并把舰队派往远东，中俄关系空前紧张。尽管军机大臣们对于能够通过俄国西伯利亚陆线与曾纪泽在俄国交涉过程中取得密切的联系而感到高兴，但由于上海是海底电缆的终点，上海和北京之间不通电报，往返问答要多耽搁10天之久，他们深感不便。因此，曾纪泽主张修建北京至上海的电报[39]。同时，盛宣怀也向李鸿章建议，由于已修建的大沽北塘电报功效极佳，应立即筹办天津至上海的电报，建成后再逐步推广[40]113。李鸿章表示赞同，又从外交、国防的需要出发，请设津沪电报：

请设津沪折

"用兵之道，必以神速为贵，是以泰西各国于讲求枪炮之外，水路则有快轮船，陆路则有火轮车，以此用兵，飞行绝迹。而数万里海洋，欲通军信，则又有电报之法。于是和则以玉帛相亲，战则以兵戎相见，海国如户廷焉。近来俄罗斯、日本国均效而行之，故由各国以至上海莫不设立电报，瞬息之间可以互相问答。独中国文书尚恃驿递，虽日行六百里加紧，亦已迟速悬殊。查俄国海线可达上海，旱线可达恰克图，其消息灵捷极矣。即如曾纪泽由俄国电报到上海只须一日，由上海至京城现系轮船附寄尚须六七日到京。如遇海道不通，由驿必以十日为期。是上海至京仅二千数百里，较之俄国至上海数万里，消息反迟十倍。倘遇用兵之际，彼等外国军信速于中国，利害已判若径庭。且其铁甲等项兵船，在海洋日行千余里，势必声东击西莫可测度，全赖军报神速，相机调援，是电报实为防务必须之物。

同治十三年日本窥犯台湾，沈葆桢等屡言其利，奉旨饬办，而因循迄无成就。臣上年会曾于大沽、北塘海口炮台试设电报已达天津，号令各营顷刻响应。从前传递电信，独用洋字，必待翻译而知，今已改用华文，较前更便。如传秘密要事，另立暗号，即经理电线者亦不能知，断无漏泄之虑。

现自北洋以自南洋，调兵馈饷，在在俱关紧要，亟宜设立电报，一同气脉。如安置海线经费过多，且易蚀坏。如由天津陆路循运河以至江北、越长江由镇江达上海安置旱线，即与外国通中国之电线相接，需费不过十数万两，一年半可以告成。约计正线、支线横亘须有三千余里，沿途分设局栈，长年用费颇繁。拟由臣先于军饷内酌筹垫办，俟办成后仿照轮船招商章程择公正商董招股集资，倬令分年缴还本银，嗣后即由官督商办，听其自取信资，以充经费，并由臣设立电报学堂，雇用洋人教习中国学生，自行经理，庶可权自我操，持久不敝。如蒙俞允，应请敕下两江总督，江苏巡抚，山东巡抚，漕河总督转行经过地方官一体照料保护，勿使损坏。臣为防务紧要，反复筹思，所请南北洋设立电报，实属有利无弊。"[8]262

李鸿章在这篇奏折中首先说明了电报在对外交涉中的重要作用，并以曾纪泽在俄国拍发电报为例，指出中俄双方在消息传递效率上的巨大差异。接着，将津沽电报的成效作为例证，以说明中国自建电报的可行性。最后，提出了修建津沪电报的想法以及办理电报的具体方法和方针。

两天后（9月18日），即获批准。李鸿章派盛宣怀与大北公司商议购买设备和雇用丹麦工程师等事项，大北公司开始查勘设线道路。10 月 6 日，天津电报学堂成立，由大北公司聘请丹麦人博尔森（Care H. O. Poulsen）及克利钦生（B. F. Christiansen）来华担任教习。同时，津沪电报总局在天津成立，并设立紫竹林、大沽口、济宁、清江浦、镇江、苏州、上海 7 处电报分局。

1881 年 4 月，电报器材陆续运到各分局及几处临时存放点。5 月下旬，整个工程从上海、天津两端同时开工。12 月中旬，全长 3 075 里的津沪电报线路全线竣工，共用白银 178 700 余两。12 月 24 日，津沪电报正式交付使用，28 日正式开放营业，收发公私文报，前半个月还免收电报费，以推广宣传。

津沪电报虽属首创，但在短短的一年时间里，从设置局所、兴学育才、组织施工到对外营业，建立了较为完整的经营管理制度。1882 年 4 月 18 日，津沪电报改为官督商办。11 月，津沪电报局迁往上海，并改名"中国电报总局"。

二、全国电报线路的建设

津沪电报经营后不久，英、法、德、美国商人组建万国电报公司，以大北公司沪港海线年久失修，通信常常中断，致使诸多商民受损等为由，要求另设一条沪港海线。为阻止洋商修建沪港海线，中国电报总局提议由华商集资，由大北公司承办沪、浙、闽、粤沿海陆线。1883 年 4 月 8 日，沪浙闽粤陆线正式开工，次年 11 月 5 日完工。双方的这次合作，不仅成功阻止了洋商设线，也间接帮助了大北公司保住其对沪港海线的垄断经营权。

1883—1884 年间，因中法战争的需要，中国电报总局又与大北公司合作修建了 3 条重要电报线路。

一是天津—北京线。津沪电报最初只修建到天津，上海的电报发至天津后，还需要用驿递传至北京，消息因此受到耽搁。中法战争前，曾纪泽向总理衙门建议将电报线展设至京城，认为此举"可壮声威以保和局，灵呼应以利战事"[8]728。1883 年 6 月 16 日，李鸿章电函张树声，拟将电报由天津展设至通州。9 月，津通电报投入使用。1884 年 1 月 7 日，李鸿章又请将津通电报线接入京师，半年后终于获准。8月21日，通京线竣工。

二是长江线。1883年6月，左宗棠以商人要求为由奏请修建长江陆线。此条电报线路由镇江经南京到达汉口，是横贯中国中部的东西大干线。此线于1884年竣工，全长1 600余里，后又展设至成都。

三是广龙线。1883年底，为指挥中法战争，朝廷同意张树声所请修建广州至广西龙州电报。这是一条中国南部的东西干线，此线专为传递边关军报而设，为保障中法战争的胜利发挥了重要作用。

这样，在1885年前后，中国主要修建完成3条电报干线：津沪线、苏浙闽粤线和长江线。苏浙闽粤线与津沪线在苏州相接，向南展设至广州；长江线与津沪线交汇于清江，然后沿着长江到达华中（图2-5）。

1883年12月，中法战争开始，电报很快显示出先进技术的效能。电报在军事中的作用被完全接受，全国各地开始大规模修建电报线路。1884—1885年间，因海防吃紧，设济南至烟台线，随后又添设至威海、刘公岛、金线顶等地方；1886年，因东三省边防需要，由奉天展设至吉林珲春一带；1887年，因郑州黄河决口，为筹办赈灾事宜，由山东济宁展设至开封；1888年，因广东官线已修建至南雄州，所以由江西九江展设商线至赣州以达庾岭与南雄州相接；1890年，由沙市展设至襄阳，1893年又添设襄阳至老河口电报线路；1895年，由西安起接设电报线路与老河口相接，使西北地区拥有至少2条电报线路，以通消息。

据不完全统计，中法战争前的6年中，朝廷共修建大约11 060里的陆线电报，而1884—1899年间，达到55 000里（以杆程计算，不包括短途军用线路）。电报通信网络遍及除西藏地区以外的所有省份，构成大体完整的干线通信网络。[41]65

为了沟通国际通信，从19世纪80年代末期开始，中国电报总局与英、法、俄等国达成边界接线协议。1888年，与法属越南安南电报线路在广西镇南关、广东东兴镇、云南河口及思茅4处接线。1892年，与俄国电报线路在黑龙江海兰泡、吉林珲春、新疆塔城、吉林绥远、蒙古买卖城5处接线。1895年，与英属缅甸电报线路在云南藤原和越南接线，并通达印度。[42]210

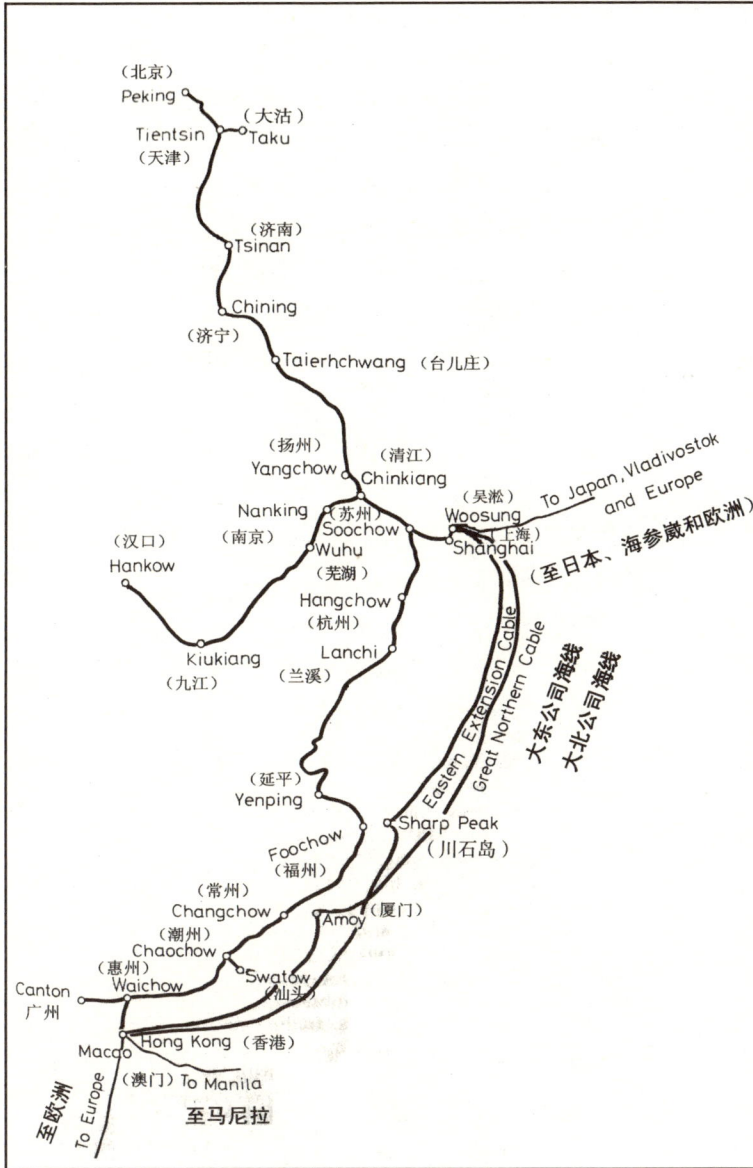

图 2-5　1885 年中国电报线路示意图
沿着通商口岸的 2 条海底电缆分别为大东、大北公司沪港海线[4]

三、全国电报网络的分布

晚清电报线路的修建和经营，始于 1880 年津沪电线之设。在中法战争的推动下，中国电报建设有了一段长达 15 年的快速发展时期。全国电报网络在中日甲午战争之前已经基本建立起来。但 1894 年的甲午战争，使晚清电报事业遭到重创，几乎所有电报线路都遭到严重破坏。1900 年，八国联军攻入北京，南北通信中断。大北、大东公司趁火打劫，抢先修建沪、烟、沽海线，并在威海卫、旅顺、青岛、烟台分别为英、俄、德等国抢修海线支线。1900 年底，所有海线工程均已完成。不久，德、法、美、日、俄等国也加入到抢占中国电报线路的行列中来。1906 年，邮传部成立之后，才陆续通过谈判收回部分电报线路，有的线路直至民国时期才被完全收回。据统计，从 1881 年到 1908 年收归国有为止，商办电报线路共计建成 41 417 里，地方官办电报线路共计建成 49 480 里，总计为 90 897 里。[41]65

晚清主要陆线电报共有 8 条，以上海、天津为中心向全国扩展。海底电缆基本为西方电报公司所建，主要以上海、香港为连接点，后又向厦门、青岛以及福州等地扩展。1900 年之后，清政府与大北、大东公司交涉赎回上海、烟台、大沽之间海线。

1. 中国境内的陆线分布[42]212

至晚清末年，中国主要陆线电报共有 8 条，电报线路分布情况如下：

（1）京沪线—北京至上海（津沪线向北展设）

经过：北京、通州、天津、德州、临清、济南、台儿庄、宿迁、清江浦、江都、丹徒、武进、无锡、苏州、上海。

共有支线 8 条：

天津—保定

德州—济南

济宁—曹州—开封

台儿庄—徐州—宿迁

清江浦—海州—青口—沂州

扬州—仙女庙—泰州—如皋—南通

无锡—江阴—福山—许浦口—浏河—上海—许浦口—常熟—浏河—崇明

上海—吴淞

（2）沪粤线—上海至广州

经过：上海、苏州、嘉兴、杭州、绍兴、兰驰、衢州、浦城、建瓯、延平、水口、福州、马尾、兴化、莆田、新塘、龙溪、潮安、海丰、惠阳、石龙、广州。

共有支线 6 条：

苏州—南浔—嘉兴—平湖—乍浦

绍兴—余姚—宁波—镇海

兰驰—金华—缙云—永嘉

新塘—厦门

潮安—汕头

石龙—东莞—新安—九龙—香港

（3）沪川线—上海至重庆（长江线向南展设）

经过：上海、苏州、武进、丹徒、南京、芜湖、大通、殷家汇、九江、武穴、黄石港、黄州、汉口、汉阳、仙桃镇、沙市、白洋、宜昌、归州、巫山、奉节、万县、重庆、泸州。

共有支线 9 条：

芜湖—宣城—屯溪

殷家汇—安庆—合肥—寿州—凤阳—寿州—正阳关

九江—南康—南昌—樟树镇—临江—吉安—赣州—南安—大庾岭—南雄—曲江—英德—三水—英德—连山

黄石港—大冶

汉口—武昌—蒲圻—羊楼司—临湘—岳州—湘阴—长沙—湘潭—衡州—永州—桂林—衡州—末阳—郴州—曲江

仙桃镇—新堤—临湘

白阳—宜都—枝江—长阳

归州—巴东—施南—利川—来凤

泸州—永宁—毕节—威宁—宣威—曲靖—马龙—云南

（4）京汉线—北京至汉口

经过：北京、涿州、保定、定州、正定、顺德、彰德、卫辉、郑州、郾城、信阳、武胜关、孝感、汉口。

共有支线 5 条：

顺德—广平—大名

道口镇—卫辉—清化镇—怀庆—洛阳

开封—郑州—洛阳—陕州—潼关

郾城—朱仙镇—开封

孝感—德安

（5）京满线—北京至海兰泡

经过：北京、天津、大沽、北塘、芦台、唐山、滦州、山海关、锦州、营口、辽阳、奉天、铁岭、伊通、吉林、伯都讷、齐齐哈尔、墨尔根、瑷珲、海兰泡。

共有支线4条：

北京—古北口—热河—平泉—建昌—朝阳—新民屯—奉天

辽阳—凤凰城—安东—义州（朝鲜）

吉林—宁古塔—萨奇库站—珲春—海参崴

营口—复州 -大连—旅顺

（6）京蒙线—北京至恰克图

经过：北京、居庸关、怀来、宣化、张家口、库伦、恰克图。

（7）京新线—北京至绥定（今伊犁）

经过：北京、保定、正定、平定、太远、平遥、赵城、平阳、侯马、蒲州、潼关、西安、泾州、平凉、固原、兰州、凉州、甘州、肃州、玉门、安西州、哈密、吐鲁番、迪化、绥来、库尔喀喇乌苏、绥定。

共有支线7条：

西安—龙驹寨—荆紫关—老河口—襄阳—荆门—荆州

固原—宁夏

吐鲁番—焉耆—库车—温宿—巴楚—疏勒—伊尔克斯塘

迪化—古城—元胡

库尔喀喇乌苏—塔城

绥来—和什托罗盖—承化寺

兰州—导河—西宁

（8）粤滇缅线—广州至缅甸

经过：广州、佛山、山水、肇庆、德庆、梧州、浔州、横州、南宁、隆安、百色、剥隘、广南、开化、蒙自、临安、通海、云南、楚雄、大理、永昌、腾越、蛮允、缅甸。

共有支线6条：

南海—顺德—香山—新会—新宁—三夹海口

梧州—平乐—桂林—柳州—庆远

横州—灵山—廉州—北海

南宁—太平—龙州—镇南关

蒙自—蛮耗—河口—老开

云南—元江—他郎—普洱—思茅

2. 中国境内的海线分布

中国海底电线主要分为三类：一为朝廷所有，二为中外合办，三为外国电报公司所有。外国海线主要在中国的吴淞、香港、福州、厦门、大连和烟台登陆，除大东、大北公司沪港海线外，其余基本是在1900年之后强行修建和登陆的。

（1）朝廷所有海线

琼雷线：由广东雷州徐闻县至琼州海口，清光绪十年（1884年）架设，所有工程都由大北公司代办，民国七年（1918年）被毁。[42]219

沪烟沽正线：由上海经烟台至大沽，清光绪二十六年（1900年）由大东、大北公司修建，后经交涉由清政府赎回。1900年8月4日，双方签订《沪沽水线合同》，将修建费用作价21万英镑（比实际所需超出一倍），年息5％，"借款"期限为30年，在借款未还清之前，该线的管理权、使用权、行政权均归两公司所有。[41]72

烟沽副线：此线即沪烟沽正线中烟台至大沽之副线，1901年由清政府与大东、大北公司议定作价4 800英镑作为借款，以30年为期赎回。[42]219

（2）中外合办之海线

烟大线：由烟台至大连，作为交还南满铁路线外所设电报局和电报线路的条件，由日本与清政府合办。1908年10月12日，双方签订了《中日电约》八款，规定自烟台以北7.5英里处由清政府管理，其余均由日本管理。[41]77

（3）外国电报公司直接经营之海线[42]220

英国大东电报公司：

香港至川石山线

川石山至上海吴淞线

香港经关岛新加坡至欧洲线

香港经西贡至新加坡线

香港至海防线

丹麦大北电报公司：

香港至厦门线

厦门至上海线

上海至长崎线

厦门经托雷（Tourane）海防线

美国太平洋商务电报公司：

上海至马尼拉檀香山线

香港经马尼拉瓜姆岛至旧金山线

法国电报公司：

厦门鼓浪屿至海防线

日本电报公司：

上海至长崎线

福州至台湾淡水线（此线初为清政府所有，后因电线损坏久不能修，由日本买去）

大连至佐世保线

旅顺经烟台至威海卫线

德国大德和电报公司：

烟台至青岛线

青岛至上海线

上海吴淞至太平洋雅浦岛线

综上所述，中国电报建设主要是在大北公司的技术支持下展开的，中法战争和中日甲午战争是两个主要的分界点。从津沪电报的修建到中法战争前期是电报的创办初期。在这一时期，电报建设的主要目的：一是军事通信；二是抵制外国电报公司在中国境内修建电报线路，以维护电报主权。中法战争之后到甲午战争初期，是电报建设的快速发展阶段。甲午战争之后，中国电报建设的重心转移为修复和收回在战争中被毁坏和抢占的电报线路。1906 年，邮传部成立，通过谈判逐步收回部分电报线路。1908年，朝廷提出电报官办，以便直接控制与政治、军事、经济利害相关的电报线路。电报线路收归国有后，在清政府的管理下不仅经营一片混乱，通信质量不断下降，而且几乎变成封建统治的专有工具。电报建设由此进入停滞阶段，电报网络几乎没有任何发展。

第三章　电报知识与器材技术的输入

　　清朝最早知晓电报是在 19 世纪 60 年代初期,这一时期不断有西方大使向恭亲王奕䜣和总理衙门介绍电报这种现代通信方式,并提议在中国修建电报线路。同时,一些书籍和报刊也开始介绍电报知识。19 世纪 70 年代初期,电报在租界开通和运营并很快获得商人的肯定,以致不断有洋行和华商提议修建电报线路,迫使总理衙门不得不再次讨论电报建设。江南机器制造总局在这一时期组织编译了许多关于电学、电磁学的科技书籍。

第一节　电报知识的传入

一、电报书籍和报刊

　　1851 年在宁波出版的《博物通书》,可能是最早向中国介绍电报知识的书。1850—1860 年间,还有几本涉及电学的著作传入,包括《博物新编》、《格物入门》等。这类书籍的特点是,它们都是由西方传教士翻译或直接用中文编写,并在中国刊印的介绍西方科技知识的书籍,电报知识是其中的一部分。1870—1880 年间，江南制造局翻译了一些电学方面的专著，包括《电学》、《电学纲目》、《格致小引》、《通物电光》等。这些书籍对电报知识的介绍更为专业，其中由益智书会出版的《电学图说》较为重要。

1. 《博物通书》

《博物通书》① 是美国人玛高温（Daniel Macgowan）参照西文资料用中文编著的，主要内容为电报知识、电磁知识、电化知识，有图 45 幅，另附日历。

玛高温，美国浸礼会传教医师。1843 年来华，在浙江宁波传教施医。1859 年到过日本，曾赴巴黎、伦敦，并在英国做过关于中国和日本的讲演。1862 年回到美国，在南北战争中充任军医。战争结束后，玛高温代表一家敷设电线的公司再度来华。1879 年，中国海关税务司赫德派他到温州海关任帮办兼医师[43]。玛高温在宁波传教期间，十分重视科学启蒙工作，他曾撰写 3 部科学著作，除《博物通书》之外，还有《日食图说》（1852）和《航海金针》（1853）。1854 年 5 月，他创办了杂志《中外新报》（Chinese and Foreign Gazette），包括新闻、宗教、科学和文学等内容，初为半月刊，1856 年改为月刊。此刊物上有他发表的科学译文。[2]175

《博物通书》是玛高温最早编著的一部科学著作。他认为，在中国传播西洋医学和科学必须要用中文编写介绍科技的著作，《博物通书》正是他实现这一想法的开端。《博物通书》出版后不久便传入日本，对日本接受西方近代科学知识也产生了一定影响。

目前，国内有学者在日本发现《博物通书》的抄本，取名《电气通标》。该书中有一段序文，应为玛高温所写：

> "西洋新法，虽通信移文，另数千里，一刻可至。此宝贵之要法也，无论国政民事，皆所必需。今欲详明其理，先从电气立论，高明者即此探究，自能知之。第一章引言，第二章电气玻璃器，第三章电气五金器，第四章铁石气，第五章连铁石，第六章通标。此博物之事，不关耶稣圣教。予奉教主耶稣之道，渡重洋五万余里来此，以觉世拯灵，劝人为事，见东土人士，博稽典坟，鲜究物理，顾旁论及之。览者即此以窥造化之妙则可，以为耶稣之道在世，失之远矣。"[44]43

---

① 又名《电气通标》、《哲学年鉴》。

玛高温在这段小序中不仅介绍了全书的内容，更讲明了他写书的目的——向中国人介绍西方电报技术及其原理。该书的前五章介绍了电报技术的理论基础——电磁理论，第六章专门介绍了有线电报。玛高温在第六章中不仅介绍了电报在欧美的应用状况、用途和功能、电学原理与电报技术的相互关系，更可贵的是设计了一种中文电码。玛高温根据汉字的结构和笔画特征，把撇、捺、点、提等8个部首，以及笔画在字的上、下、左、右、中、内、外7种情况，再加上用以断句的圆圈，设计为16个符号，以这16个符号替代英文的字母用来传递汉字。这是最早的中文编码方法。遗憾的是，玛高温编著《博物通书》时莫尔斯电码还没有编译完善，因此书中没能继续将对应的字母译成莫尔斯电码，而是直接采用磁针偏转与对应字母的通信方法进行汉字传递。这种通信方法的效率本身就低，而将中文转换成字母再进行传递的速度就更慢，再加上当时电报通信还未被中国社会所接受，中文发报的需求几乎为零，导致这种编码方式未被重视。后来中国电报总局组织设计中文编码时，也未采用这种编码方式。

尽管《博物通书》的出版未能推进电报技术向中国的传入，但该书还是受到了来华传教士及有关人士的好评。上海发行的报纸 *North—China Herald*（1851年3月8日）和广州的杂志 *Chinese Repository*（1851年5月）高度评价了此书。尽管《博物通书》的流传情况尚待进一步研究，但可以肯定它在当时确实产生过影响。玛高温创编的一些科技名词术语，如"电气"、"电线"、"电信"被后来的其他著作多次采用。从玛高温1865年代表一家敷设电线的公司再度来华的经历可以推测，《博物通书》在西方电报机构中应该产生过一定的影响。[44]48

2.《博物新编》

《博物新编》，1855年由英国人合信（B. Hobson）编译，共3集。此书系统介绍了西方天文学、地理学、物理学、化学、光学、电学、生物学等科学知识。其中在电学部分对电报技术做了简单介绍，但没有论述其原理。主要内容有西方电报通信情况、电的基本特性、电报线路的架设和电报装置。

3.《格物入门》

《格物入门》，1868年由美国人丁韪良（W. A. P. Martin）直接用中文著成。该书分力学、水学、气学、火学、电学、化学、测算举隅共7卷。书中在电学部分简单介绍了电报的历史、用途、功能、特点及工作原理等。

19 世纪 70 年代前后，洋商开始在租借地修建电报，大北公司在上海与香港间敷设海底电缆。在战争和洋人的双重逼迫下，清政府终于在 1874 年同意在福建省修建陆线电报。与此同时，全国开始大规模翻译西方科技书籍，江南机器制造总局就设置了专门译书机构。与之前不同的是，江南机器制造总局此次翻译的书籍几乎都是自主选择的，介绍的知识更具针对性，更详细且专业。

4.《电学》

《电学》，由英国人傅兰雅口译，徐建寅笔述。全书译自英国诺德（Henry M. Noad）编著的《电学教科书》（*The Student's Textbook of Electricity*），刊行于 1879 年。全书共 10 卷，256 节，附有插图 402 幅。10 卷内容包括：卷首"总论源流"，卷一"论摩电气"，卷二"论吸铁气"，卷三"论生物电气"，卷四未译题目（主要是关于如何利用化学反应发电的内容），卷五"论电气吸铁"，卷六"论吸铁气杂理"，卷七"论吸铁电气"，卷八"论热电气"，卷九"论电气报"，卷十"论电气时辰钟及诸杂法"。

其中，卷九"论电气报"对电报进行了详细的介绍。该卷又分为"论陆地电报"和"论海底电报"两章。在"论陆地电报"一章中首先介绍了电报通信的历史：

> "乾隆十二年（1747 年），华德生以电气传过二英里之长在水内之铜丝，如第三十五节用摩电气者。乾隆三十九年，知尼法人勒沙时之法，共用铜丝二十四个不相连，每铜丝连一树心球，以摩电气传于某铜丝则其树心球而动，而即为某字母或某记号。又路门得之法，单用一树心球。乾隆五十九年，日耳曼人来沙之法，用电气传过中有断处之锡箔片而发亮，断处有字母之形，某处发亮即知某字母。乾隆六十年，西班牙人买法路云，放来顿瓶之电气传于铜丝，铜丝之端有爆药能烧，由爆烈之声遗传信。乾隆五十二年，比旦果在西班牙亦试此法。"[45]

其次介绍了各种电报机器，按照电报通信的不同方式分为路闹子电报（1812），色末令电报（1802），失令告司韦巴三人之电报（1819），司透尼拉电报、古客与韦思敦电报①（1837），古客与韦思敦单针电报、古客与韦思敦双针电报（1845）。

《电学》重点介绍了电报通信过程中的几个必要环节，包括发电器的原料和制造方法、电线杆挂钩的使用方法、单线通信方式、地埋电线的制造、电报机的原理（以磨而司②点划发电报为例）、电报增力器的构造和作用等，并配有插图说明。在书的最后，还介绍了几种电报机。例如，好司铅字印信之电报、由司铅字印信之电报、吸铁电报、打钟电报、指字电报、法国夫路曼得指字电报、韦思敦公用电报、自行电报等等。

5.《电学纲目》

《电学纲目》一卷，英国人田大里著，傅兰雅口译，周郇雨笔述，1881年前后刊行。全书共39章，主要介绍电学理论知识和电器物。第十九章"论电报源流"，分15款介绍电报的发明和发展情况，与《电学》中介绍的电报历史内容大致相同，只是多了一段关于敷设大西洋海底电缆的介绍：

> "1850年，英国口多法与法国相对之口，名楷来之间，有电缆沉海水内成电报，为英国人布莱德所设。第一日用之最灵，后不可用。改年再设一缆始久存之。1858年8月15日，英国与阿莫利亚加之间有电缆沉大西洋内能通电报。约一日其缆即坏不能通。1865年，大西洋内沉第二条电缆，此缆未成功，忽在洋面断而失去。改年再作一缆，甚合法，后将前年所失电缆捞起，今英国能通电报至阿莫利亚加，每一分时约报十五个字。"[46]

6.《电学图说》

《电学图说》，傅兰雅译，1887年由益智书会出版。全书共5卷：论吸铁气、论摩电气、论化电气、论电报、论电镀理法。在每卷首附有插图。其中第四卷"论电报"共有21款，主要内容有电报发展过程、电报的主要构成、各主要电报设备等。卷首有16幅图，分别是发电箱、电线电路、电报表、反向器、两地点报表、电闸（图3-1）、电报响器（图3-2）、电气钟、电报增力法、记点划电报器、众通电报电线联法、配电浓器、自行电

①"韦思敦"现译为"韦斯登"。
②"磨而司"现译为"莫尔斯"。

报打孔字号、大西洋电缆、回光测电法、查电线断处法。

卷中第一款"电报之始"用一句话强调了电报的重要性："电报之事不但为近时最奇之新法，亦为人间最大之用处。"第二款则概括了电报通信的三件必不可少之事："电报之内，要事有三，一发电之法；二能传所发之电至任远处；三远处必有法，令其电作言志，以当报字。"[47]接下来即按此顺序一一介绍电报所用发电机、引电传至远处法、电报收发及电报机。

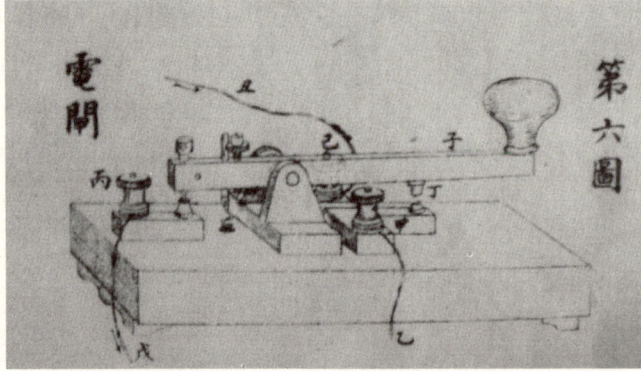

图 3-1　电闸，即莫尔斯击响电报器，通过通断电流来发报

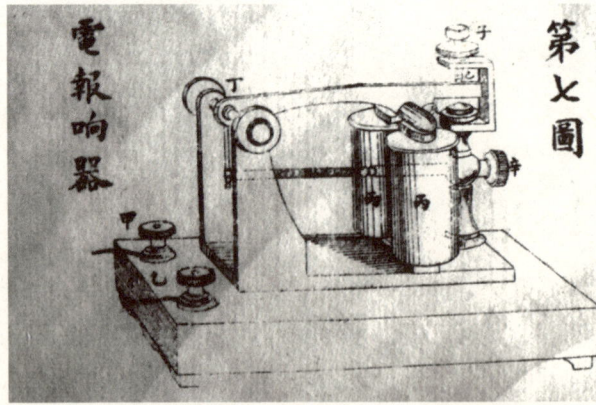

图 3-2　电报响器，通过右上端螺丝尖与圆片碰撞发出的响声的长短，记录收到的电码，最后将电码翻译成字母完成一次收报过程

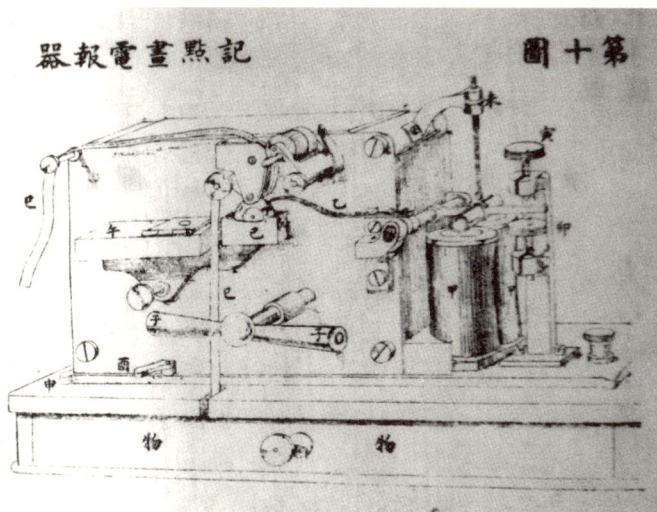

图 3-3　莫尔斯点划电报机，与电报响器功能相同，但此器能自行记录收到的点划电码①

卷中后半部分介绍了当时普遍使用的莫尔斯电码表、莫尔斯点划电报机（图 3-3）。多功能电报、自行电报、电阻、海底电缆、回光测电表、查电线断处的方法等，也是卷中所含内容。

与《电学》相比，《电学图说》在文字表述上逻辑性更强，书中的插图也更清楚明了，是当时比较好的一本介绍电学知识的著作。

1872 年，美国传教士丁韪良在京城组织创办了《中西闻见录》。该刊连续报道了西方电报发展状况和修建电报线路的新举措，对电报也有专文介绍。

上述书籍和报刊所介绍的电学、电磁学、电报设备等内容比较全面，尽管从数量和篇幅上来说都非常有限。遗憾的是，至今仍无法考证这些文本知识的传入在中国电报建设的过程中到底起到了怎样的作用，或者在多大程度上起到作用。但可以肯定的是，江南制造局在 19 世纪 70 年代主动翻译电学书籍与朝廷和社会对电报通信方式的逐渐重视有关。

二、出访者对电报的认识

清朝末期，中国社会对电报的了解不仅仅是通过各国驻华大使、租界商人以及大量的西方书籍。19 世纪 60—70 年代不少朝廷官员、知识分子

---

① 图 3-1、图 3-2、图 3-3 均拍摄于国家图书馆古籍馆。

和商人通过出国留学、参观访问等方式接触到电报。电报通信的方便快捷给这些出国人员留下了深刻的印象，其中有不少人在回国后以各种形式对电报进行了宣传。

林针，中国近代出洋的先驱之一。他于 1847 年前往美国，1849 年回国，著有《西海纪游草》。他在游记中描述到：

> "每百步竖两木，木上横架铁线，以胆矾、磁石、水银等物，兼用活轨，将二十六字母为暗号，首尾各有人以任其职。如手一动，尾即知之，不论政务，顷刻可通万里。"[48]

这是最早描述电报的文字，"字母为暗号"指的就是莫尔斯电码。

斌椿，原任山西襄陵县知县，后来与其子广英一起在总税务司赫德手下办理文案，因此结识了不少洋人，对西方知识有些了解。1866 年，他率领同文馆学生一行 5 人，随总税务司赫德一起出访欧洲 11 国，历时 3 个多月，回国后他将自己在欧洲的所见所闻记录下来，为国人了解西方社会提供了资料。斌椿在《乘槎笔记》里记录了在欧洲参观电报局的情况：

> "电机信，外洋各处皆有。用铁线连缀不绝，陆路则架木杪，遇海则沉水中。通都大邑以及乡村城市，线到处，皆可通信。司事者，如中华信局式。待人寄信，以铁线之一端画字，其一端在千万里外，即照此字写出，不逾晷刻也。"[49]

张德彝，字德明，盛京铁岭人。他是同文馆的第一届学生，担任过总理衙门的英文翻译和清光绪帝的英语教师。同时，他也是中国第一代职业外交官，从学生、随员（1866—1868）、译官（1876）、秘书（1887）、参赞（1896），直到担任驻英、意、比国的大臣（1901）[50]2。1866 年，清政府第一次派人到欧洲游览，张德彝是游欧者之一；1868 年，清政府首次派外交使团访问欧美，他任蒲安臣使团的通事；1870 年，清政府派专使到西欧交涉，他成为崇厚的随员；1876 年，清政府第一次向外国派驻公使，他以翻译的身份陪同郭嵩焘赴任。多次的出国经历给张德彝留下深刻印象，回国之后他陆续写了多部外国游记，如《航海述奇》、《再述奇》、《八述奇》等。这些游记记录了他在国外的见闻，包括他对电报等国外先进技术的介绍和看法。

1866 年，张德彝第一次看见电报，他在《航海述奇》中这样描述到：

> "电报一名'法通线'，又名'电气线'，一时可传信千万里。譬如由某国往某国有此电报，则两处各设一局，当中通一铜线，周于笔

管，以印度树汁裹之，永不生锈。隔大海则置此线于海底，在陆地离数武立一杆，长有丈五者。杆首有瓷碗，将此线自碗内穿过，有时一杆上横数十条者。此线恒在轮车道旁。各局内皆有电气机、字母盘等物，镇日有人在内接送信文。有送信者，先将稿付于局内，其语贵简，局内按字数计费。主信者按稿上语言，一一在字母盘上以指按之。此处随按，彼处虽千万里亦随得之，其速捷于影响。盖各局案上皆有一小铜轮，大约五寸许，其上绕一白纸条，有信到时，纸条自放，其上自有红字印出。局人急以笔录，转为饬呈，毫无耽搁。此线多系国家所设，每年获利更重。其制造之法，大都仗电气之力。"[50]43

1868 年，张德彝随蒲安臣使团出访欧美，再次参观法国电信局，并将这次经历记录在《再述奇》①一书中。1870 年，张德彝第三次出访法国，这次他不再是单纯的参观访问，更是亲自设计了一部中文编码《电信新法》。张德彝也因此成为设计中文编码的第一位中国人。

1868 年初，总理衙门官员志刚和孙家毂奉旨随美国前任驻华大使蒲安臣一起出使美、英、法、俄等国。这是近代中国的第一个外交使团。虽然他们前往欧美的主要目的是修好睦邻、联络邦交，然而西方先进的科学技术却给他们留下了深刻印象。志刚在他的《出使泰西记》中对无线通信做了描述：

"通线信以电气为体，以吸铁气为用。虽大地一周九万里，而往返通信，可立而待。电气者，空中所运无形之火，属于天为阳。砒、硫所含有形之火，属于地为阴。铜铁能含火性，故火入金乡，则凝而不散，触而必发。磁石者，自有吸力，皆天地间自有之物，自具之性，而绝非矫揉造作之所能致。西人深体而悟会之，引伸触长，久而得其用，此用电气以通信之源也……故凡设通线信皆两处并设。吸铁石之两端，其上下相去分许。无论千万里，皆以双丝连于两处机器之吸铁石。此处一按，则电气通于彼丝之端，则自动，凡几动成一字。如空谷传声之令，而信通矣，泰西之法大略如此。"[51]

1868 年初，近代著名思想家、早期资产阶级改良派王韬赴欧洲游历，在伦敦亲见铁路和电报线。他是这样描述的：

"车道之旁贯接铁线千万里，不断以电气秘机传递言语。有所欲

---

① 又名《欧美环游记》。

言，则电气运线如雷电之讯，顷刻千里。"[52]

王韬回国之后又写了多篇文章对电报进行宣传，并首先指出：

"我国家近拟于各省整顿海防，诚却敌之谋，安邦之策，然亟宜
筹办者则莫如电线。"[53]

1874 年，祁兆熙护送第三批留美幼童出洋。他对电报记述到：

"电线通报，西人编成一定字样，第几个字如是云云，犹暗号，
一字即知下文。中国设此，譬如甲字系军情，乙字系调兵，甲乙系明
日调兵，亦可推广编成，使其不测。"[54]

从这些回国人员的记录可以看出，他们对电报这种新的通信方式非常
赞赏，且积极宣传。但在当时的社会大环境下，他们的影响力非常有限，
仅靠几本游记不足以推动中国电报建设的进程。

第二节　器材的进口与编码技术的输入

晚清电报线路主要分为陆线电报和海底电报两种，包括由大北、大东
公司敷设的海底电缆。

陆线电报的架设一般比较简单，由电线、瓷瓶、木杆等部分组成，电
线是最重要的组成部分之一。架设于空中的电线与大地构成一个回路，通
过电流传递信号。与陆线电报相比，海底电报不论是在电缆制造，还是在
敷设方面都要复杂得多。海底电缆一般由内导体、绝缘层、外导体和外保
护层等部分组成，内、外导体在电缆内部构成一个回路。由于海底电缆敷
设于海底，通过电缆的电流很容易因海水而导散，所以除内、外导体之间
必须隔离外，电缆的外层也需要裹上一层绝缘材料。另外，为避免水的压
力造成导体变形，影响电缆的性能，还应对电缆的外层进行铠装。根据电
缆敷设的深浅不同，铠装的材料也不同，钢是最常用的材料。为便于敷
设，海底电缆还必须具有一定的延展性。因此，海底电缆对材料和技术的
要求比普通电线高很多。不论是陆线电报还是海底电报，要完成一整套电
报系统除需要上述器材外，还需要给整个系统配备一个电源，并在收、发
终端各配置一台电报机。

晚清电报建设工程主要是聘请大北公司工程师合作完成的。在大北公司工程师的协助下，中国工匠逐渐掌握了电报线路的敷设和简单的修理、维护技术，但所需要的材料、设备一直依赖进口，而且基本都是通过大北公司从国外购买。从 1882 年津沪电报建成到民国初年，中国一直未能解决电线生产的问题。

一、电线、电缆和电报机的进口

晚清电报建设因军事需求被提上日程，如何更快地修建自己的电报线路是清政府最关心的问题。当时的中国既没有生产电报器材的能力，也没有专业的电报人才，只能选择由外国电报公司承办。修建电报线路所需要的器材除电线杆外，其余的电线、电缆、瓷瓶等均从欧洲进口，这种状况一直持续到民国之后。

1. 电线与电缆

根据福州马尾电报购回合同可知，修建马尾电报所用器材含：

> "巴闽蚶字号第五号电线八洋里，连磁杯全木桩一百六十二根。水线一里二五洋里，每洋里重十八吨，配铜三百磅，树皮二百磅。"[55]

根据丁嘉玮与大北公司签订的福厦电报合同（1875 年 5 月 21 日）可知，修建福厦电报所用器材含：

> "（陆路）高处用英巴闽蚶厂定制第七号电线，平地用西门配合电线。如用七号之线，其磁杯及杯柄应用印都国官式；如西门配合之线，其杯柄应用本式。
>
> （木桩）大小俱照洋尺五寸至五寸半径为度，照公司所买原单为凭。（水路）电线自南台下渡白湖亭过江系用公司自造第三号单管水线，其线每水路洋里重六吨七五。兴化以下至泉州、厦门及鼓浪屿等处概用公司之第五号双管水线，其重每洋里六吨半……其水线之管系用唬吧树皮管式，其筒是铜与树皮配置。每洋里铜重三百磅，树皮重两百磅。"[56]

将上述文字与英文版的合同对比，可知，"巴闽蚶"、"印都"分别是英文单词"Birmingham"和"Indian"早期的音译；"英巴闽蚶厂定制第七号电线"和"用西门配合电线"，分别指的是 B. W. G. Nr. 7 铜线（7 号 B.

W. G 标准①的铜线）和 Siemens compound wire 铜线。由此可知，福厦电报线路主要使用的是英国伯明翰生产的电线，遇到需要水线的地方则采用大北公司自制的电缆，这可能与英国电缆的绝缘性不好有关。用于连接电线的瓷瓶也是由国外进口，部分来自印度，部分来自德国。

根据中国电报总局与大北公司签订的津沪电报合同（1880 年 12 月 22 日）可知，修建津沪电报的所有器材均由"大北电报公司根据料单负责从欧洲购买"[57]，只有电线杆一项由华人承办。20 世纪初，大北公司自主研发了大量新型的电报器材，并通过慎昌洋行在中国销售。

大北公司敷设沪港海线时，所用电缆均由英国进口。根据敷设深浅的不同，沪港海线共采用了 3 种电缆：敷设于深海的主体电缆、用于登陆的浅海电缆和连接两者的接线电缆，其中登陆电缆又分为 2 种。这些电缆的内导体相同，都是由 7 股镀锌铜丝缠绕构成，直径为 0.147 英寸。铜芯外层的绝缘体由印度橡胶制成，用于隔离内、外导体，直径为 0.318 英寸。当电缆在 75 华氏温度下工作时，铜芯的电阻是 4.19 欧姆/海里，绝缘性是 4423 兆欧姆/海里，容量是 0.44 微法拉/海里。

4 种电缆因为敷设的位置不同，外部结构略有不同，敷设于吴淞江底的登陆电缆 D 保护层最多、最重、直径最大。

主要电缆 A：17 根 B. B. galv. Iron wires Nr. 13 B. W. G，每根直径为 0.095英寸；

接线电缆 B：12 根 B. B. galv. Iron wires Nr. 8 B. W. G，每根直径为 0.165英寸；

登陆电缆 C：9 根 B. B. galv. Iron wires Nr. 1 B. W. G，每根直径为 0.300英寸；

登陆电缆 D（用于吴淞口登陆）：将电缆 B 直接作为外导体，外层再裹上一层由 12 根 B. B. galv. Iron wires Nr. 00 B. W. G，每根直径为0.380英寸。

所有电缆的外部还需要再裹上三层沥青和两层大麻纤维保护层，最后测得电缆的参数是：

主要电缆 A，重量 1.65 吨/海里，直径 0.82 英寸；

---

① B. W. G 为伯明翰标准（Birmingham Wire Gauge）的简称，伯明翰是 19 世纪英国生产电缆的主要城市。

中间电缆 B，重量 3.00 吨/海里，直径 1.01 英寸；

登陆电缆 C，重量 6.75 吨/海里，直径 1.38 英寸；

登陆电缆 D，重量 16.5 吨/海里，直径 2.05 英寸。[58]

图 3-4　大北公司用于敷设沪—烟—沽海线的线头（1900）[①]

　　尽管沪港海线使用的电缆较大西洋电缆改进了很多，但电缆的绝缘性还是出现了问题，导致整个工程延期了半年。沪港海线的敷设更进一步说明了电缆制造工艺的复杂性。沪港海线敷设后不久，大北公司通过不断研究，最终生产制造出自己的电缆，如图 3-4 为 1900 年大北公司海线线头。

　　2. 莫尔斯电报机

　　晚清电报通信系统中大多使用的是莫尔斯单功电报机。莫尔斯电报机由美国人莫尔斯（Samuel F. B. Morse）设计制造，1844 年在华盛顿—鲍尔的电报线路上实际装用。经过多次改良后，被各国广泛使用。莫尔斯电报机发明后不久，英国人韦斯登又设计出更高速度的自动电报机——韦斯登电报机。但韦斯登电报机在中国使用较晚，直到 1901 年以后，中国电报总局才在报务比较繁忙的京津、津沪、沪汉、京汉等干线上使用韦斯登自动电报机。[59]2

　　电报通信原理如图 3-5 所示，发报局有电池一组、电键一只，把电键按下，电池发出电流，经过"电线甲"，流进收报局的电磁铁，再从"电线乙"回到发报局的电池，完成一个电路。当电流通过收报局的电磁铁时，电磁铁产生磁性，把上面的衔铁吸下。如果发报局把电键放开，电路中断，电磁铁就消失磁性，衔铁被吊簧拉上。衔铁装在杠杆的一头，杠杆的另一头装上一只墨油轮。墨油轮的上面是纸条和拖动纸条的机构"钟机"。如果衔铁被吸下，墨油轮就向上抬，接触纸条，纸条上就会被墨油

_____

① 图片拍摄于北京电信博物馆。

轮印出符号。纸条的长短随钟机拖动纸条的速度和电键按下的久暂而定。按暂成点，按久成划。在实际电报线路中仅用一根电线，电线乙一般用大地来代替。

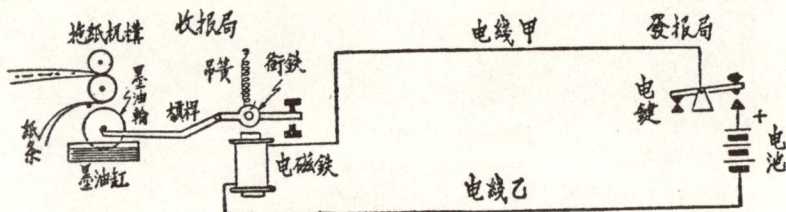

图 3-5 通报原理图[59]

1871 年 4 月 18 日，大北公司在沪港海线装设莫尔斯电报机，沪港电报正式运营，这是上海使用莫尔斯电报机的开端。津沪电报建成后，津沪两局在官商双线上分别配置莫尔斯电报机 1 部，以单工方式工作。图 3-6 为津沪电报所用电桥塞子图。中间各分局每条线各配置莫尔斯电报机 2 部。早期的莫尔斯电报机由单流电键、显电表、继电器、印码器（又称印字机）及接线铜牌等组合装在一块木底座上，使用金属线和大地回路以直流电报信号通报。人工发报速度约为每分钟 20～25 个电码组。

电键是断续电报回路、拍发点划符号的机件（图 3-7），按下电键可以把发报局的电池连接到线路中，电流传达至收报局的继电器上，带动印字机在电报纸条上印出点划符号。

显电表是显示电路中有无电流通过的一种简单仪器，它能同时显示电流在电路中流动的方向和强弱。

继电器在电报通信中的作用是节约发报电池。如果收发报两局间的距离远、线路电阻大、电流小，就不能直接使用印字机收报，而是需要先接入继电器。继电器由电磁铁构成，基本与印字机的印字部分结构相同。

莫尔斯印字机分为印字（图 3-8）和轮纸两部分。印字部分主要是电磁铁、衔铁、印字杆、上限制螺丝、下限制螺丝和墨油轮。轮纸部分主要是钟机、滚纸轮、压纸轮、纸条、抽屉盒、木底座。

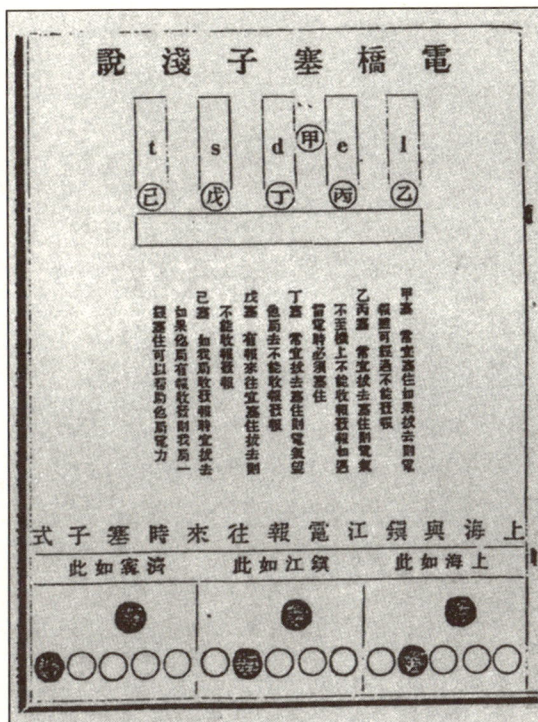

图 3-6　津沪电报通报时，上海与沿线各局使用莫尔斯人工电报机
同线工作时的电桥塞子图[81]

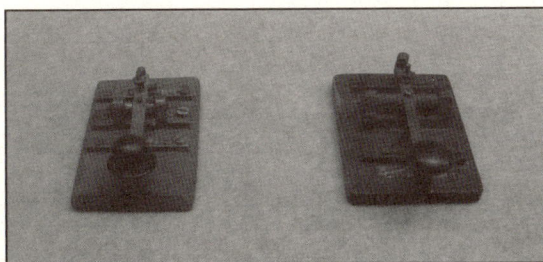

图 3-7　莫尔斯人工发报电键①

---

① 图片拍摄于北京电信博物馆。

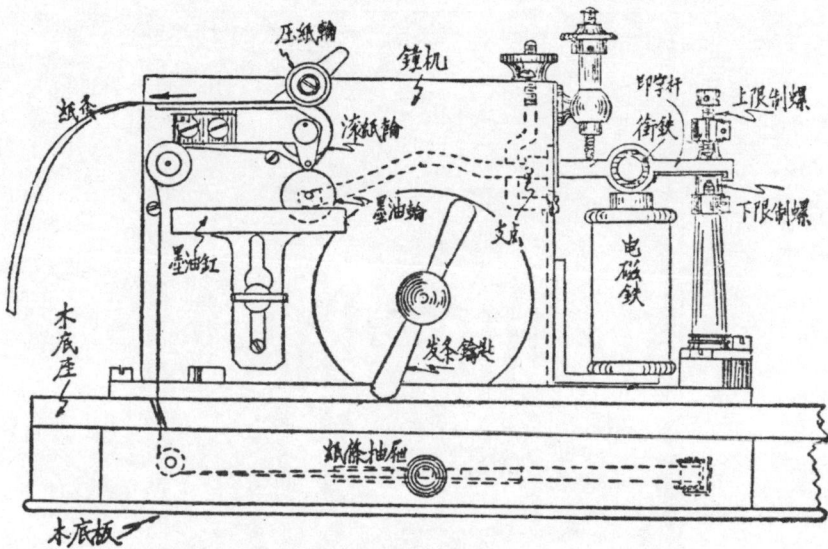

图 3-8　莫尔斯印字机的组成部分[59]

1881—1908 年间，中国电报总局使用的都是十三接线莫尔斯电报机（图 3-9），利用机器上的十三根接线铜牌，构成 7 种不同的连接方式，如终端式、中间式、半中间式、直达式、完全直达式、帮电式等。1908 年之后，上海电报机器厂生产七接线莫尔斯电报机，供应各电报局与十三接线莫尔斯电报机同时装用。

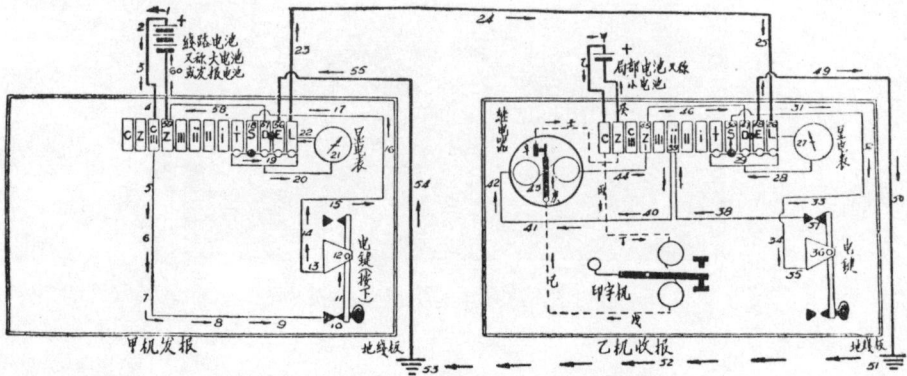

图 3-9　十三接线莫尔斯电报机收发电报机电路图[59]

图 3-9 左边是十三接线莫尔斯电报机的发报电路。发报电流自甲机大电池的正极流出，经过机上接线铜牌 CⅢ，到电键前接点（图中粗线是外

部接线，细线是内部接线）。由于电键在发报位置（电键已按下），电流自十字铜架通到电键的中接点（元宝铜）。电流再从中接点通过机器底座下面的内部接线到 S 铜板。S 铜板和横铜板之间插上铜塞子（图内用黑点绘出），因此通过塞子到横铜牌而到达显电表。电流经过显电表线圈（表针向外摆动）到 L 铜牌，由 L 铜牌通到局外的线路上。电流沿着线路到达收报机（乙机）。

图 3-9 右边是十三接线莫尔斯电报机的收报电路。外来电流经收报机的 L 铜牌，通过显电表（表针向内摆动）到横铜牌。经过塞子到 S 铜牌。自 S 铜牌到电键的元宝铜，经过电键的后接点（收报机电键此时不可按下）到 ii 铜牌。电流在 ii 铜牌上转一圈，到继电器左边的接线螺丝，正向经过继电器线圈到 Z 牌，再由 Z 牌到 D 牌。因为 D 牌与 E 牌之间插上塞子，电流经 E 牌，再由外部接线通到收报机的地线板。

电流从收报机的地线板，借大地作通道，回到发报机的地线板，再从发报机的地线板到发报机的 E 牌。因为发报机的 E 牌与 D 牌之间插有塞子，电流到 D 牌，从 D 牌经过内部接线到 Z 牌，回入大电池的负极。

在这时，收报机上的继电器发生动作，把衔铁吸靠符号接点螺丝。收报机上的局部电池即产生作用，自正极流出，到达局部电池 C 牌。局部电流从 C 牌经过印字机线圈到继电器衔铁，通过符号接点螺丝到局部电池 Z 牌，回入局部电池负极，这样就完成了局部电路。此时，印字机电磁铁即把衔铁吸下，墨油轮上抬，在纸条上印出符号。

1901 年，上海电报局率先使用韦斯登电报机（图 3-10），首先在津沪、沪汉电报线路上以单工方式工作。韦斯登电报机包括三柱凿孔机（图 3-11）、发报机和收报机三部分，发报速度每分钟最高可达 300 个电码组，是莫尔斯电报机的 10 多倍。全国其他电报线路仍使用旧的莫尔斯电报机，主要因为莫尔斯电报机的结构简单，便于维护和修理，一般报务员即可完成。

19 世纪 80 年代末期，一些华商看到电报通信带来的商机，开始仿制结构简单、技术含量低的莫尔斯电报机并迅速建厂生产。中国电报总局也在 1900 年建立电报制造厂——上海电报机器厂，专门生产莫尔斯电报机和其他配件。因为中国电报总局一直没有更新电报设备，莫尔斯电报机一直拥有很好的销售市场。

图 3-10 韦斯登电报机

图 3-11 三柱凿孔机①

二、电报编码技术的输入

编码技术是电报传递的基础，所有电报都需要经过编码后才能通过电报机传递出去。西文编码的基础是莫尔斯电码，它利用脉冲信号的长短表示字母和数字等符号，然后通过电流将这些电信号传递到接收方。

莫尔斯电码包括 5 种符号：点，划，各字符间的短停顿，每个词之间的中等停顿，每个句子之间的长停顿。"点"用短的电脉冲信号表示，"划"用长的电脉冲信号表示（划的长度为点的 3 倍），断开表示停顿。根据英文字母表中的字母、标点符号和空格的使用频率，对它们进行排序，然后用点和划的组合来代表这些字母、标点和数字，使频度越高的符号具有越短

① 图 3-10、图 3-11 均拍摄于北京电信博物馆。

的点划组。传输时，发报员先将所要发送的信息译成莫尔斯电码，再由发报机将莫尔斯电码转化成电信号传输给收报机，收报机再将电信号转译成莫尔斯电码，最后由译码员将莫尔斯电码译成对应的信息，这样就完成了一次电报通信。1851 年，在一次国际会议上莫尔斯电码被简化后成为全世界通用的电码（表 3-1）。在这套标准莫尔斯电码中，"点"用正电流脉动表示，"划"用负电流脉动表示，两个脉动具有相同的长度。

表 3-1　莫尔斯电码表[60]

字母	编码	字母	编码	符号	编码	数字	编码
A	* —	N	— *	句号	* — * — *	0	— — — — —
B	— * * *	O	— — —	逗号	— * * — —	1	* — — — —
C	— * — *	P	* — — *	感叹号	* * — — * *	2	* * — — —
D	— * *	Q	— — * —	长破折号	— * * * * —	3	* * * — —
E	*	R	* — *	连字符	— * * * * —	4	* * * * —
F	* * — *	S	* * *	分数线	— * * — *	5	* * * * *
G	— — *	T	—	分号		6	— * * * *
H	* * * *	U	* * —	引号	* — * * — *	7	— — * * *
I	* *	V	* * * —	冒号	— — — * * *	8	— — — * *
J	* — — —	W	* — —	分隔符	— * * * —	9	— — — — *
K	— * —	X	— * * —				
L	* — * *	Y	— * — —				
M	— —	Z	— — * *				

　　西文编码，是将英文单词按照拉丁字母的顺序用阿拉伯数字进行编排，每个单词对应一组连缀的 5 位阿拉伯数字。图 3-12 是一本大北公司早期使用的电报书，书中共收录 24 000 个英文单词，并且又另外添加 1 000 个基督教人名。书中还介绍了收发电报双方如何通过加减数字进行密码通信。例如，"The Queen is the supreme power in the Realm"这句话，按照明码通信则应为"22313—18095—12370—22313—21953—17056—11426—22313—18419"。如果双方约定将每个电码加上 5555，则变成密码通信

"27868—23650—17925—27868—27508—22611—16981—27868—23974"，而收报方只需在收到电码后再减去 5555 即可。[61]

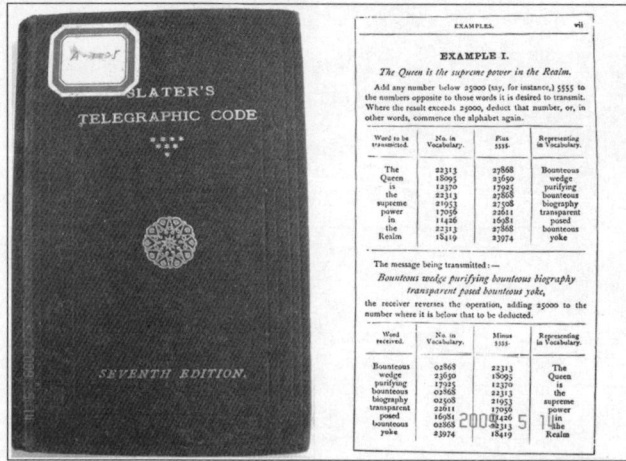

图 3-12　英文明码电报书[①]

简单来说，拍发电报需要两个主要步骤。首先，发报人需要根据西文电报书将自己的电报内容转换成阿拉伯数字，交给发报员。然后，发报员再将这些数字编成莫尔斯电码，进行传递。收电报的顺序与发电报相反，如图 3-13 所示。

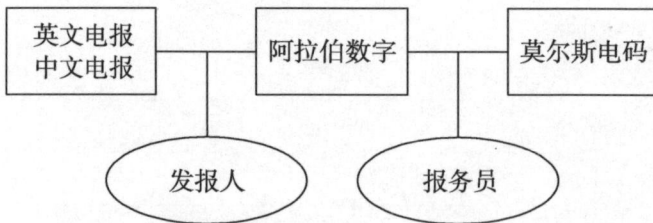

图 3-13　电报传递的主要步骤

19 世纪 70 年代之前，拍发中文电报都需要先译成英文，之后再将收到的英文电报译回中文，因此使用电报的华人非常有限，这也是日后中西方电报机构研究中文编码的主要动因。

---

① 图片引自大北档案（一类 26）。

第三节 电线与电缆的制造技术

中法战争前后，晚清电报建设进入快速发展时期，不少华商开始建厂生产莫尔斯电报机，但电线、电缆的生产并未启动。从整个电报工程来看，电线、电缆的制造技术是最难学习和掌握的。制造和生产电线、电缆不仅需要专业的金属加工技术，还需要专业的加工设备。将铜、铁等金属拉伸成铜线、铁线的基本原理是，在保持金属体积和重量不变的情况下，减小其截面积而增加其长度。拉线机是铜线生产过程中的重要设备。

一、电线的制造工艺

陆线电报使用的电线一般是硬的圆铜线。由铜杆到圆铜线一般要经过酸洗、拉线和成品退火等多道工序。铜杆在拉伸之前必须先经"酸洗"，以除去表面的氧化皮和其他污物，使它具有铜的自然光泽。酸洗通常是在硫酸溶液中进行，随后用水清洗。

拉线的工艺比较复杂，主要原理是将铜杆通过孔径逐渐减小的模孔，将其拉伸成更小截面的铜线。这种将铜杆拉伸的方法具有较高的生产效率，加工出来的电线的形状和尺寸都相当精确、机械性能高，缺点是用于克服摩擦力所消耗的功率较大。因此，如何减小这种摩擦力是拉线机需要不断改进的地方。为制成规定型号的电线，必须在拉线机上合理安排各道模孔的形状和尺寸，这种合理安排的过程叫"配模"。配置的模孔必须根据金属的塑性合理调整精度，保证经济安全的拉伸，避免电线被拉断、拉细。拉线机上一般还配置有接头设备，主要用于将两根铜杆在拉伸成电线的最后阶段相连接，以制造更长的电线。在拉线过程中，由于被拉铜线与模孔之间存在严重的摩擦，不仅使拉伸力猛增，而且产生的大量热量会影响产品表面的质量，所以必须使用润滑剂并进行冷却处理。

如果仅仅是制作用于陆线电报的裸线，热处理是最后一道工序。热处理的目的是使拉制的成品铜线恢复拉制前的机械、电气性能。这种工艺又被称为成品退火。对于需要再次加工的金属线，热处理的目的则是将加工硬化的金属塑性恢复到加工前的水平以便于继续拉制。这种热处理通常被称为中间退火。因为加热导致内部晶粒碎化，晶体畸变和存在残余内应力，金属组织处于一种不稳定状态，所以金属经过拉制冷却后需要进行热处理，让其恢复到原来的状态。

最后，还要对制造完成的铜线进行检查和测试。最基本的检测项目包括：外观尺寸、抗拉强度及伸长率、电阻率、重量，只要有一项数据不合格即成为废品。这些不合格的电线有些还可以再行拉制成规格较小的电线，或重新退火加以使用。

二、电缆的制造与敷设技术

自从英国的布雷特兄弟在1851年完成连接英国的大不列颠岛和法国海岸的海底电缆后，多家公司开始研究和生产海底电缆。但真正推进电缆生产和技术改进的还是大西洋海底电缆的敷设。[62]

大西洋海底电缆工程由美国商人菲尔德（Cyrus West Field）[①] 发起，他的这个计划在当时被认为是不可思议的冒险。在当时，正常运作的海底电缆长约110英里，深度不过300英寻，而大西洋海底电缆需要长度超过2 000英里，深度达到2 600英寻。敷设这样一条电缆在技术上究竟该如何实施，没有任何先例可循，甚至对该使用什么样的电缆都不清楚。菲尔德在10年中经历了4次失败，并前后3次对电缆进行重新设计，终于在1866年获得成功。

菲尔德的第一次尝试是在1855年。当时能够生产电缆的国家只有英国，所以菲尔德来到英国，拜访当时著名的电缆专家约翰·布雷德。布雷德带着菲尔德走访了很多电缆制造商，并最终向他推荐了一种可能适合的电缆。这种电缆由3根铜线组成，每根铜线都用古塔胶绝缘，然后把3根铜线束在一起，包在焦油浸过的大麻中，再加上另一层古塔胶，最后整个包在镀金铁丝线中。

然而，第一次尝试还没有将电缆完全沉入海底就失败了，失败的主要原因是缺乏敷设经验。菲尔德只租用了一艘蒸汽船，既用来装载电缆又用

---

① 菲尔德，出生在一个声名显赫的家族，其祖父就是将哥白尼日心说传入英国的天文学家约翰·菲尔德。菲尔德早年靠继承家产以及运作有方的多年经营，年轻时就已经成为美国一位很富有的商人。

来敷设电缆，这样就导致船速与松缆器的速度不能匹配。菲尔德在第一次试验中获得了宝贵经验——海底电缆不能由航行或被拖行的船只来敷设，它需要更先进的专用轮船，以便根据实际情况来调整敷设速度。

1856 年 10 月，菲尔德在伦敦成立大西洋电报公司（Atlantic Telegraph Company），为再次敷设大西洋海底电缆筹集资金，并且争取到英、美两国政府的支持。菲尔德聘请的工程师们需要为这次试验重新设计电缆。新设计的海底电缆由 7 股铜线构成，每股直径为 0.028 英寸，缠绕在一起形成直径为 0.083 英寸的电缆内芯。铜芯外面分别由 3 层古塔胶包裹，古塔胶外面是由沥青、柏油、亚麻子油和蜡的混合物浸透的麻绳，外面又包裹了一层 18 根 7 股的铁线形成的铠甲，整个电缆再套上一层由沥青混合物制造的外衣。最终成形的电缆只有人的食指那么粗，在大气中它的重量为每英里 1 吨，但在水中每英里却只有 1 340 磅。另外，因铜芯的纯度不高，导致电缆的导电能力不均，有些部分的导电能力甚至是其他部分的 2 倍。为加快生产速度，电缆铜芯与绝缘体由古塔胶公司制造，外层铠甲由另外两家公司生产。这些都为工程埋下了隐患。1857 年 7 月，所有电缆生产完毕，总长度 2 500 英里，共耗费 43.05 万英里的铜线和铁线以及 300 吨古塔胶，总造价为 22.5 万英镑。

吸取上次失败的教训，菲尔德通过美国和英国政府找来"阿伽门龙"号和"尼亚加拉"号战舰解决电缆敷设问题。1857 年 7 月，"阿伽门龙"号和"尼亚加拉"号按照工程师们的计划，分别运载 1 250 英里的电缆在爱尔兰南部海港昆斯敦（今科夫）会合，然后与另外两艘英国船只和一艘美国船只一起从大西洋中间同时开始敷设。但由于在设计松缆器时没有考虑到大西洋电缆所需的极大重量，导致敷设过程中松缆器上的制动器失灵，电缆也因此断裂。这次敷设还是失败了。

此后，如何改进松缆器成为工程师们不得不重视的问题，同时海底电缆也在不断地改进。1858 年成为大西洋工程中电报技术最有突破的一年，"尼亚加拉"号的工程指挥官埃弗雷特（Everett William）设计出一套新型的松缆器。这种新的制动装置能够根据环境设定松缆器可以承受的最大制动压力，当张力超过最大制动压力时，制动装置就会自动松开，这样可以保护电缆免受损坏和丢失。另外，电学家汤姆森（William Thomson）设计出一台更为灵敏的检流计——镜式检流计，这种新的检流计能探测到当时其他检流计所不能检测到的穿过 2 000 英里电缆中的微弱电流，成为海底电报系统的基本装置。在新的技术支持下菲尔德还是失败了，主要原因是在敷设过程中遇到了暴风雪。

连续两次失败的重要收获是成立了一个调查委员会，这个调查委员会提议将电学中的电流、电阻、电压等基本术语标准化，并且建议对海底电缆做整体的测试，不但要检测导电性还要测试它的整体绝缘性。图 3-14 为 1958 年的电缆。接下来的几年，被严格定义后的瓦特、伏特、欧姆和安培等单位开始使用。

图 3-14 1858 年的旧电缆[62]

大西洋海底电缆工程的真正转折点是"大东方"号轮船试航的成功，它改变了当时蒸汽机船所用的木质结构的船体，被设计为由螺旋桨和风帆推进的燃煤蒸汽铁壳船。"大东方"号轮船的体积和吨位比"阿伽门龙"号和"尼亚加拉"号合起来还要大，可以直航英国至印度而不需添加燃煤。6 年之后，当大西洋电报公司再次筹集到资金后，"大东方"号就担任起敷设大西洋海底电缆的工作。

1865 年，新的电缆被设计出来，如图 3-15。新电缆仍然采用 7 根缠绕的铜丝作为内芯，但铜的纯度提高了，导电性得到了保证。另外，新电缆 1 英里重达 300 磅，几乎是原来的 3 倍，更便于电缆的下沉。在绝缘方面，这次在古塔胶内添加了一种叫做查特顿绝缘膏的新物质，并且还增加了对铜线的涂抹层数，由原来的 3 层增加到 4 层。电缆的外层铠甲同样也做了改进，大麻纤维被涂抹于铜芯以及外壳铁线上，这样既可以防止外层铁线与水接触，又可以提高电缆的柔韧性，还可以在不增重的前提下增大体积。

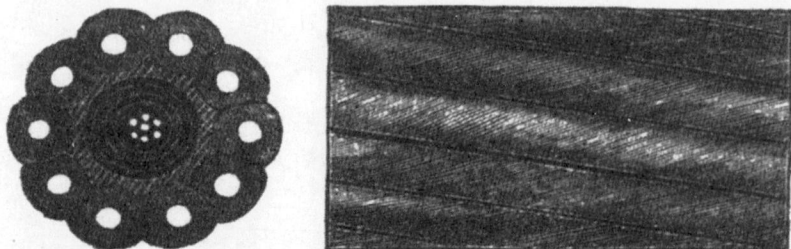

图 3-15 1865 年的新电缆[62]

新的松缆器、新的电缆以及大型轮船的发明，为大西洋海底电缆的敷设创造了更好的条件。1865 年，菲尔德进行第四次尝试。敷设机器在转动过程中产生的细铁丝屑刺破了电缆外面的保护层，扎入电缆的中心，导致电缆内的电流几乎减低到零。第四次试验再次失败。

为解决这一问题，新定制的电缆的外层铁丝铠甲被镀上了锌，形成了一层保护层，不仅能够防止坚硬物质刺破电缆表皮，还能更进一步避免铁的锈蚀，同时又增强了电线的延展性，如图 3-16。松缆器较原来也改进了很多，不仅可以放缆，而且可以在必要的时候把电缆拖出海面。1866 年 6 月 30 日，菲尔德的大西洋海底电缆终于敷设成功。

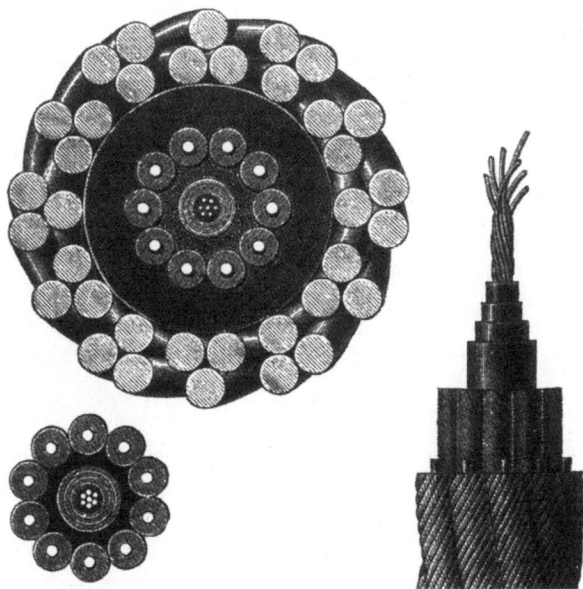

图 3-16　1865 年和 1866 年所使用的海底电缆[62]

从大西洋海底电缆的敷设过程中不难看出，不仅电缆制造工艺复杂，对敷设技术的要求也很高，而且需要大型船只的配合。由于受到整体工业水平的限制，晚清海底电缆几乎没有任何发展（外国电报公司强行敷设的海底电缆除外）。修建海底电报除了要支付高额的敷设费用，还必须负担日后的维修费用。

三、主要原材料

电报建设的主要器材是电线和电缆，而生产电线、电缆的主要原材料是铜和橡胶。想要自制电线和电缆，不仅需要金属加工技术和相关设备，还需要掌握矿井勘探、开采和金属冶炼等技术。

1. 铜的开采和冶炼

根据邮传部第一次电政统计表记载，截至清光绪三十三年（1907年），全国电报线路总计约 76 098 里，另有大北和大东电报公司所敷设的海底电缆共计 32 908 海里[63]。如果均按照当时横截面积最小、重量最轻、直径为 1.88 毫米的铜线来计算，每 1 千米重 23 千克[64]，这样仅陆线电线就需要大约 875 127 千克的纯铜。制造海底电缆除了需要纯铜做铜芯外，还需要铁、铅和锌等金属做外层铠甲。晚清铜、铁等金属的开采量和开采质量都无法满足电报建设的需要。

1840 年以前，清朝矿业以民间私采为主，基本没有做过地质调查工作，产量很低。除了铜、煤矿开采以外，也有铅、锌矿的开发，主要是为了与铜配合铸线。鸦片战争以后，以奕䜣、李鸿章、张之洞为代表的洋务官员逐渐认识到矿业开发的重要性。他们鼓励开办西学，通过译著、专著作为教材传播地质学、采矿冶金学等知识，并聘请外国技师开始地质矿产调查工作。1876—1894 年是中国近代矿业兴起的重要阶段。这一时期主要以洋务派为带头人，以官督商办或官办为主的方式经营矿业。当时全国兴办矿业共计 40 余处，以煤矿为主，铜矿 10 家左右。据统计，1882 年以后各地开办的铜矿主要有：云南迤东汤丹、茂麓正厂六、子厂十一、迤西回龙、得宝正厂八、子厂九，楚雄永北及云武所属万宝、双龙，永安顺宁、临安、曲靖各厂，江西赣州，陕西镇安，湖南绥宁，新疆拜城、库车，广东琼州，台湾金瓜石长仁矿段等[65]。由于铜矿数量有限，再加上生产技术落后，安全设施不足，矿工劳动条件恶劣，产量仍然不高。截至 1939 年，在重要的矿业省份四川，铜的年产量也只有 814 吨。所以，铜的产量不能满足电报线生产的需要。

另外，用于加工制成电线的铜杆需要较高的纯度，以保证电线良好的导电性。晚清洋务运动兴起之后，西式冶炼技术传入中国，矿产地和矿山规模都有较大规模的扩展，但仍无力冶炼出符合电线生产要求的纯铜。

2. 古塔胶的应用

现在用于制造电缆绝缘层的材料有很多，主要以各类橡胶为主，但早期主要使用的是涂了焦油的大麻。橡胶被用于制造电缆是在 19 世纪 40 年代之后，英国是当时唯一能够生产电缆的国家。不过，这并不是因为英国的技术和制造工艺更胜一筹，而是英国垄断了一种现在已被人遗忘的材料——古塔胶。

古塔胶是一种天然橡胶，主要从马来亚半岛、印度尼西亚等热带地区的大叶山榄类植物中提取。古塔胶在化学特性上与橡胶极为相似，也属于聚合体。但古塔胶柔韧性一般，不像橡胶那样有弹性，即使长期浸泡在水中也不会退化失效。古塔胶在 17 世纪第一次传入英国，直到 19 世纪 40 年代仍被看做是一种稀罕之物。1843 年，葡萄牙的一位工程师向伦敦的皇家亚洲学会介绍了古塔胶及其用途。几个月后，一位东印度公司的外科医生写了一篇关于古塔胶的论文，他送到伦敦的样本也在艺术学会展出。这种原料立即受到狂热的追捧。很快，古塔胶被用于制造靴底、瓶塞、鼻烟盒、艺术品、珠宝和手杖等产品。

著名的西门子电气公司创始人，德国人西门子（Ernst Werner von Siemens）很快认识到古塔胶是一种极好的绝缘体。他发明的加压机可以把古塔胶挤压成包裹在铜线外面的护套。古塔胶很快成为一种普遍采用的隔水绝缘材料，与涂过焦油的大麻相比，这是一个巨大的进步。史密斯（Willoughby Smith）领导的古塔胶公司很快垄断了从马来亚进口古塔胶的贸易，并且精心钻研和挖掘它在电子应用方面的可能性。

真正促使古塔胶被广泛运用于电缆生产的是英国的布雷特兄弟（John Brett，Jacob Brett）[①]。1845 年，兄弟俩向英国政府申请敷设连接大不列颠岛和法国海岸的长约 22 英里的海底电缆。1850 年，在得到两国政府批准后，他们订购了一段长约 25 英里，像小手指粗细的古塔胶绝缘电缆，并将电缆缠绕在 7 英尺×15 英尺的线轴上，计划用拖船进行敷设。这条海底电缆在经历两次敷设试验后，终于在第二年成功连接英国和欧洲大陆。此后，多家公司开始研究和生产海底电缆。古塔胶成为生产海底电缆的标准原料，英国则成为世界电缆生产的重要国家，几乎垄断了当时整个海底电缆市场。即使是大北公司这样的跨国电报公司，在敷设沪港海线时使用的海底电缆也是由英国制造商生产的。

晚清时的中国既无法提炼用于制造电线的纯铜，更无法通过英国从印度进口用于生产电缆的古塔胶。因此，晚清时期所使用的电报器材几乎完全依靠进口，直至民国初年。

---

① 约翰·布雷特（John Brett），是当时知名的海底电缆技术专家，也是英国磁性电报公司的老板。

中国的电机制造工业创始于民国四年至民国五年（1915—1916 年），至抗战前夕，即民国二十六年（1937 年）春，全国已有 200 多家制造有关电器电料的工厂[66]255。在北京政府时期，交通部曾与日本合作开办了一家名为"中华电气制造所"的电线制造厂，厂址设在上海军工路，以日本铜杆为原料，拉成各型式铜线，生产橡皮绝缘线。后因中国资本缴纳不足，缺少流动资金，中日双方意见不合而停办。至于用中国铜自制电线，已经是抗战爆发之后的事情了。民国二十八年（1939 年）成立的中央电工器材厂，开创了中国电工制造界的新纪元。中央电工器材厂共有 5 个厂，其中第一厂为电线厂。该厂从英国和德国购买机器设备，并开始用国产铜制造各种电线，橡胶则用缅甸原料。"此厂能力，足以供给全部中国之需要，惜自产原料不足，尚不能充分发挥其能力也。"[66]263新中国成立之后，在苏联的技术援助下，中国逐渐掌握电线、电缆的生产技术，在 20 世纪 70 年代进入自主研发的时代。

第四章　电报技术的适应与本土化

电报技术向中国传入，既要考虑风水等社会问题，还要考虑相关技术问题。中国电报建设是在大北公司的技术支持下展开的，但需要因地制宜地调整各项设备和技术。例如在电报传入初期，需要解决中文发报问题；而到了全面建设时期，又需要对工程技术进行调整，对技术人员进行培训。

第一节　设备与运行技术的调整

1871 年，大北公司沪港海线开通。由于中西文字的差别，电报技术在传入中国后不久就遇到了问题。早期拍发中文电报需要进行中英文转换，不仅费时费力，有时甚至会造成语义错误，因此使用电报的华人非常有限。为了解决这一问题，西方电报机构开始研究中文编码问题，大北公司是最早研究中文编码的机构之一。除大北公司之外，一些华商也开始研制电报设备，设计改进中文编码。

一、中文电报机的制造

沪港海线的开通改变了商人和官员对待电报的态度，他们中的一些人开始积极要求修建电报。但无论是华商还是洋务派，很少有人能像西方商人一样，努力寻找适合中国的电报技术和经营方式。王承荣是个例外。当他意识到中文发报的困难后，于1873年设计了一套新的电报系统，可以直接用中文发报。

王承荣，字子显，浙江宁波人，19世纪50年代侨居巴黎，懂英语和法语。1866年，当清朝官方代表团斌椿一行来到巴黎时，王承荣已在巴黎开设了一家名曰"天顺号"的商铺，专卖中国和日本的商品。从19世纪50年代到70年代末期，王承荣在巴黎开店经商至少20余年，是最早在欧洲经营并获得成功的华商之一。清朝官员历次访欧，王承荣都热心接待，如遇到困难更是尽力帮助，被朝廷嘉赏六品顶戴。王承荣与奕䜣等出访官员都保持着很好的关系，尤其与张德彝关系十分密切，两人前后交往达12年之久。1866年，张德彝第一次随斌椿出访法国，王承荣登门拜谒，还为其代购"火轮车式样一具"，两人由此成为朋友。1868年，张德彝再度出使法国。在这次出使法国前后约8个月期间，张德彝与王承荣每十天半月就要相互拜访一次，两人还时常共同出游。1871年，张德彝第三次抵达巴黎，两人也经常见面。

王承荣因长年旅居法国，对电报比较熟悉。当他得知中国设立炮厂、船政已有成效，惟独电报因未能解决中文编码问题而使用受限时，便与福建人王斌、江苏人李镛①一起在法国研究中文发报机。经过几番努力，他们设计出一部能翻译中文的机器，并制造成功。这种机器通过巧妙的矩阵系统能定义超过1 000个汉字，可用中文直接发报。

1873年，王承荣因处理上海生意回国，并带回了这部中文电报机。不久，他在上海接到李鸿章要求其前往天津面谈的信函。他对能够在天津面见李鸿章感到很兴奋，希望能在李府演示他的发明。如果能得到李鸿章的认可，他便有机会在总理衙门演示。1873年5月29日，王承荣致函总理衙门，介绍了这部中文电报机的情况，希望总理衙门能批准在中国设厂生产。他称：

①王斌、李镛均系福州船政局委派，随福建船政监督法国人德克碑前往法国的考察人员。

"荣于旧年约同福建人王斌，蓝翎，广东尽先州判；江苏人李镛，从九品，均系福建船政委来法国办公人员。殚心练习，尽得其密，且机器荣等又为从新考究，共同倾资雇匠教造，另成一式，与众不同。……荣等所制（机器），价廉工省，以及配置各药水，中国均有其物，不必外洋。际此华夷错处，沿海各省时形多事，此举动静，似各有益处。拟请转商恭王奏准创设，即派大人以为督理，则荣得以效力左右。"[8]100

值得注意的是，王承荣写这封信的时间与沈葆桢提出修建福厦电报的时间仅相差几天。几天之后（6月14日），朝廷即批准开设电报。由此可以看出，多年的经商经验使王承荣具有极其敏锐的市场洞察力。

6月18日，即获准修建电报的第五天，王承荣又向总理衙门呈递了一封信，建议在中国修建电报。信中部分内容如下：

"中国之驿站烽燧，速则速矣，究不如外国电报之制，瞬息直达于千里也。近见洋人已由上海通至香港，由香港而安南，四通八达于外国。是洋人有警，几万里水路山程，朝发而夕至。独我中国坐观垂钓，虽由结网之未知，实乃衔石之可虑。一虑文字不通，机器不甚于利用，一虑物材难得，购觅须至于外洋，且创始经费巨款难筹。任用洋人，机事不密。又况江淮河汉，遇水不通。经过地方，居民有碍。电报兴而驿站废，役夫失业以为非。创始易而守成难，支给之资难为继。种种繁难，所以前此无人议及。今荣与福州王斌商造一器，专传汉字，以十六为纲，以十数为目，发则由字检号，收则由号检字，时许可达以千字，劲气直达千余里。器似不患其难矣，余则应用药材五金自有依方修炼，亦不甚难。如虑动需巨款，然以道理估计，每里约费百金。各省建置请由各省提款，合则见多，分亦见少，筹款尚未难也。"[8]106

王承荣在信中不仅介绍了国外电报的情况，说明了电报的重要性以及完全雇佣洋人修建电报的弊端，还从朝廷的角度出发，对建设电报的种种顾虑进行了分析，对修建过程中可能遇到的问题，如驿站撤除之后役夫安置、器材购置、电报筹款、电报资费等一一做了说明，并提出了解决方案。从王承荣的信可以看出，他对建设中国电报做了周全的考虑。

　　同日，总理衙门又收到荆宜施道孙家穀①的信。孙家穀在信中提到李鸿章邀请王承荣进津一事，询问总理衙门能否准许王承荣携中文电报机由津进京面见。遗憾的是，笔者未能找到总理衙门给孙家穀的回信，因此无法确定王承荣是否在总理衙门演示了他的发明。可以肯定的是，王承荣的中文发报机在当时并未受到朝廷的重视。李鸿章在天津接见王承荣，也仅仅是希望他能担任金陵机器局的技术人员。1874年，大北公司抓住在中国修建电报的第一个机会，通过商业贿赂与福建通商总局签订福厦电报合同，而王承荣设计的中文电报机却未能投入生产。从长远来看，中文电报机可能会降低中国失去电信主权的风险。[15]87

　　1881年12月，津沪电报开通，电报的优越性很快显现出来，地方官纷纷请设电报，故对电报器材的需求逐渐增大。就此情况，郑观应曾建议李鸿章选派学生出国学习制造电报器材的技术，自己建厂生产电报设备。他认为只有自主生产才能降低成本、降低报费，提高中国电报的竞争力。不过，郑观应的这一设想未能实现。之后，少数电报学堂教员和商人开始研制电报机，但因技术上的限制，多以仿制莫尔斯电报机为主，几乎没有技术创新。1887年前后，上海电报学堂教员张兆墺、安庆电报局长彭省三开始研究制造莫尔斯电报机。不久，张氏辞世，彭氏离职，所以成机不多。后来，钟表技师孙广泰在上海泥成桥设厂制造莫尔斯电报机，机器的铜夹上印刻拉丁字母拼音孙广泰三字。孙广泰当时除生产莫尔斯电报机外，还生产其他附件，如机线互换器、避雷针、电铃、练习电键、电池转化钥等。继孙广泰之后，其徒弟丁生槐也在上海设厂制造莫尔斯电报机。孙、丁二厂在1910年先后关闭，所制机器较多。[59]3

　　1900年，出现了几家官办的电报器材厂，其中以上海电报机器厂最为成功。上海电报机器厂由中国电报总局创办，厂址设在上海的郑家木桥（现福建南路北口），主要制造莫尔斯电报机和其他附件。之后，迁至文极司脱路（现文昌路），开始制造韦斯登发报机、波纹收报机、三柱凿孔机、测量机和双工附件等其他设备。1929年前后，又在上海浦东周家渡设厂，改名为交通部电报机料修造厂，制造各种电报机器和电池等。[59]4

---

① 孙家穀赞同修建电报，与王承荣在法国结识。

二、中文电码的设计

中文电码是将汉字编译成适合电报机传送的符号，是拍发中文电报的关键。由于汉字是象形文字，且同音字较多，不能简单地照搬西文编码的方法，因而中文编码成为电报使用过程中一个必须解决的难题。为此做出重要贡献的是丹麦人斯克耶勒鲁普（H. C. F. C. Schjellerup）和法国人威基谒，两人共同设计了最早的中文编码，并由大北公司出版，起名《电报新书》。在此基础上，华人张德彝编著了《电信新法》，郑观应组织编写了《中国电报新编》。

1.《电报新书》

大北公司是最早研究中文编码的机构之一。1869 年，公司合并后不久开始向东亚扩张。如何将电报这种新技术顺利引入中国这样一个尚未开始近代化的国度，并让中国人接受和使用电报是大北公司必须考虑的问题。对中文进行编码是直接使用中文收发电报的关键技术之一。大北公司在筹划敷设沪港海线时，就已经开始了对中文编码的研究。1872 年，公司出版了第一部标准版的中文电报书《电报新书》，中文电报不必再翻译成英文进行发报。《电报新书》署名法国人威基谒"纂"。因此，很多学者认为威基谒即是中文编码的首创者，应将该编码称为威基谒码。事实上，最初设计中文编码的人是丹麦天文学教授斯克耶勒鲁普。

斯克耶勒鲁普，丹麦人，年轻时是欧登塞①钟表市场的一位学徒，后来在一位丹麦科学家的资助下进入哥本哈根工学院（Polytechnic College in Copenhagen）学习物理学，毕业后在哥本哈根从事天文学工作。由于斯克耶勒鲁普出色的科学成就，耶拿大学（University of Jena）授予了他博士学位。1857 年，斯克耶勒鲁普因未通过职称考试而被哥本哈根大学取消了教授头衔，这对他打击很大。之后，斯克耶勒鲁普开始学习中文和阿拉伯文，初衷是便于查找中国和阿拉伯国家关于天体运动的史料，后来他的兴趣逐渐转移到研究亚洲语言。斯克耶勒鲁普的这种转变可能与他对哥本哈根天文工作的失望有关。

1869 年，大北公司董事长铁德根找到斯克耶勒鲁普，聘请他研究中文

---

① 欧登塞（Odense）：丹麦菲英岛北部港口城市。

编码。1870 年初，斯克耶勒鲁普挑选了 5 454 个汉字，按照中国编写字典的习惯，按照部首、笔画的顺序和笔画数，给每个汉字编写了一组连缀的 4 位阿拉伯数字，后称四角码。由于史料的缺失，现在已经无法判断斯克耶勒鲁普挑选出的 5 454 个汉字是否直接参考了中国的字典或者仅仅是他自己认定的常用字。遗憾的是，斯克耶勒鲁普只做了最初的工作，就对此失去了兴趣，终止了研究。根据大北公司档案记载，1871 年，公司在上海成立远东分公司，斯克耶勒鲁普设计的四角码被第一任经理史温生带到中国。史温生到达上海后，聘请威基谒①帮助审核这份中文编码，希望将书中的丹麦文翻译成中文，然后以中国商人可以接受的形式刊印出来。经过几个版本的试验和修订，大北公司在 1872 年出版了《电报新书》。由此可以看出，最早的中文编码应该是由斯克耶勒鲁普设计，由威基谒改进、完成的。

对此，威基谒并不这样认为。1875 年，威基谒突然在上海的一家西文报纸上发表声明，称中文编码由他本人独立完成。他在声明中提到，设计中文编码是法国公使伯洛内（Henri de Bellonnet）② 在 1866 年交给他的任务，目的是为在中国修建电报做准备，因为当时法国正在积极支持俄国修建北京—佳木斯电报，但该计划后因奕䜣的拒绝而未能实现。威基谒所编中文电码也因此失去了测试的机会。1870 年，大北公司修建沪港海线时再次激励威基谒继续研究中文编码问题。

威基谒的做法招致大北公司的不满。公司坚持认为中文编码是斯克耶勒鲁普首先发明的。为此，大北公司上海分公司经理蒂礼也提供了一块 1870 年公司用于印刷威基谒第一版中文电报书的铜版。铜版印刻的数字编码不是统一的 4 位数，而是从 3 位到 6 位不等，这是与斯克耶勒鲁普的 4 位数电码最大的区别。因此，公司认为《电报新书》是威基谒在斯克耶勒鲁普编码的基础上经过反复修改而编成的。根据大北公司总部档案记载，1870 年 6 月 28 日，公司经理史温生在给董事长铁德根的报告中介绍了威

---

① 威基谒，当时在上海海关任职，后来加入了大北公司。1870 年 11 月，威基谒利用自己海关职员之便，协助大北公司将沪港海底电缆从法国海军在上海的军事基地引上岸，并将海线端头置于自己的平房内。
② 伯洛内，清同治四年五月十三日至同治六年四月八日（1865 年 6 月 6 日—1867 年 5 月 11 日）任法国驻华公使。

基谒设计的中文编码：

> "威基谒挑选了一些汉字将它们按照横竖的顺序进行排列，看起来就像国际象棋中的棋子。"[15]102

另外，史温生还邀请了两位中国商人对斯克耶勒鲁普和威基谒的编码进行比较，其中一位就是设计第一部中文发报机的华商王承荣。他们在比较了这两份中文编码稿后认为，斯克耶勒鲁普的四角码是中文编码的核心，而威基谒棋盘式的编排方式更为可取。因此，将《电报新书》看做是斯克耶勒鲁普与威基谒共同的成果更为合理。

1876 年 4 月，铁德根邀请威基谒前往哥本哈根解决争端。铁德根首先肯定了威基谒为公司沪港海线登陆做出的贡献，并给了威基谒一笔钱作为酬金。对于中文编码一事，铁德根答应再给威基谒一笔钱，条件是威基谒必须放弃独自完成中文编码的言论。威基谒接受了铁德根的意见，双方终于达成协议。铁德根这样做，不仅因为公司需要利用威基谒在中国的关系来解决随时可能出现的问题，而且还与公司当时的处境有关。1876 年，帮助清政府采购电报器材成为大北公司和其他西方电报公司争抢的业务，且大北公司在修建福厦陆线电报方面也遇到麻烦。老道的铁德根不愿意在此时与法国为敌，于是对中文编码首创权问题采取了折中的处理方式。在1894 年编写的公司成立 25 周年纪念册中，大北公司肯定了斯克耶勒鲁普对中文编码所做出的重要贡献。

《电报新书》共收录 6 899 个常用汉字，每个汉字用 4 个阿拉伯数字编成 1 个电码，总共 6 899 个电码。目前国内见到的最早版本是"同治十一年春月"版（图 4-1）。此书有威基谒本人的小引：

> "是书之作，专为传书寄信，有片刻千里之便。我西国地方，虽隔万里重洋，而书信往来，片刻周知，最为便捷。中国大邦，自不可少，且上海官商云集，人烟稠密，电报在所必需。子来中国日久，而中国字典阅之屡次，将其中必用之字，又部首'一'字起，至部首'龠'字止，共拣六千八百九十九字，编成六千八百九十九号，刻成电报书籍，在本局出售。凡上海与苏州往来书札，或照中国文法字样，或照电报书籍号头，本局皆可用电气，片刻可到苏州。再者，若商贾欲报货物行情，不欲本局得知者，在人另用别字，议定机杼报之，此乃谓之变法，听各选用，无不便捷。是为序。同治十年岁在辛

未。西人威基谒识。"[67]

在此小引中威基谒并没有提到斯克耶勒鲁普的名字，再次证明了威基谒独揽中文编码功劳的态度。

图 4-1 "同治十一年春月"版《电报新书》①

《电报新书》出版之后，立刻被大北公司用于沪港海线通报。大北公司不仅邀请沪港两地商人在两地电报局进行通报试验，还专门前往江南机器制造总局宣传此书。沪港两地电报业务量的急剧上升超出了公司的预期。据统计，1871 年 4—9 月，从上海发往香港的电报有 162 份，从香港发回上海的有 209 份。电报在两地商人中非常流行，并逐渐渗透到宁波、福州和厦门等通商口岸。[15]86

由此可见，大北公司对中文编码技术的调整取得了巨大成功。《电报新书》的出版确保了公司在晚清电报技术转移和开拓市场过程中的领先地位。

2.《电信新法》

《电报新书》实现了西文编码向中文编码的转变，成为华人研究中文编码的基础。1871 年，中国人张德彝受威基谒的启发，采用一种更为有序的方式对汉字重新进行编码。该书于 1873 年前后刊印，取名《电信新法》。书中包括 214 个部首，共收录 6 950 个字，采用的是每页 10 行 10 列的排列方式。

1866 年，张德彝第一次随斌椿出使欧洲时便对电报产生了兴趣，并将

————————————

① 图片拍摄于北京电信博物馆。

其记录在他的第一部游记《航海述奇》中。1870 年，清政府指派崇厚与西欧国家谈判，张德彝作为随员再次出访法国。在这期间，张德彝很可能接触到了威基谒的编码，从中受到启发，编写了《电信新法》，成为第一个编写电报书的中国人。

张德彝在其著作《随使法国记》中，记述了他设计中文编码的情况：

> "彝自前二次随使外洋，已知寄送电信之灵便。然中外文字不同，寄之不易。前二次无急务，固未经思及。至此次，多有飞电之处，而寄用洋字，其价既昂，且从中诸多不便。因见外洋有因事秘而以数目代语言者，系以四数代一话，彝遂拟照其法而试仿造之。迨到法京后，又见西人亦有以此法编华字者，惜作而未成。彝乃由《康熙字典》中择其字之常用者七千余，按字编数，由零零零一至八零零零，字数核对无差，至是告成。"[68]262

"事秘"与"以四数代一话"表明，西方人使用的 4 位数代码为密码，而非斯克耶勒鲁普的四角码。

《电信新法》中有张德彝的自述，说明了他编写中文编码的初衷：

> "寄电信以数代字之法，创自泰西。迩来西人之来华者，传递紧要消息，皆用此法。予去岁随使法郎西，得见其稿，法颇良善，知有益于中外者非浅。特其篇幅较大，其部类不分，字画多寡，悉归错乱，因恐邮递用之，难免亥豕之误。是以不揣愚陋，以大改小，删繁就简，并注洋数，标其目录于卷首，以便稽考。书既成，呈诸节使，深为嘉赏，命付梓人，爰以为序。"[68]263

张德彝这样评价他在巴黎见到的编码稿："篇幅较大，且部类不分，字画多寡，悉归错乱"，与大北公司对威基谒第一版中文编码的评价相当。由此推断，张德彝在巴黎"得见其稿"，应该就是威基谒最初的编码。而张德彝是否见到斯克耶勒鲁普的初稿，尚未找到相关史料。不过张德彝与华商王承荣关系密切，两人多次在法国会面，因此存在王承荣将斯克耶勒鲁普中文编码的情况介绍给张德彝的可能性。

根据《随使法国记》的记载，崇厚对张德彝的书评价道：

> "今将西人所制汉洋合璧电报书籍改订，增添目录。余（指崇厚）细玩之，足称善本。因题其书名为《电信新法》，携至都门刊印，以公同好。将见四海会同，中外禔福也。"[68]263

显然，崇厚对张德彝的中文编码极为赞赏，并题名《电信新法》。

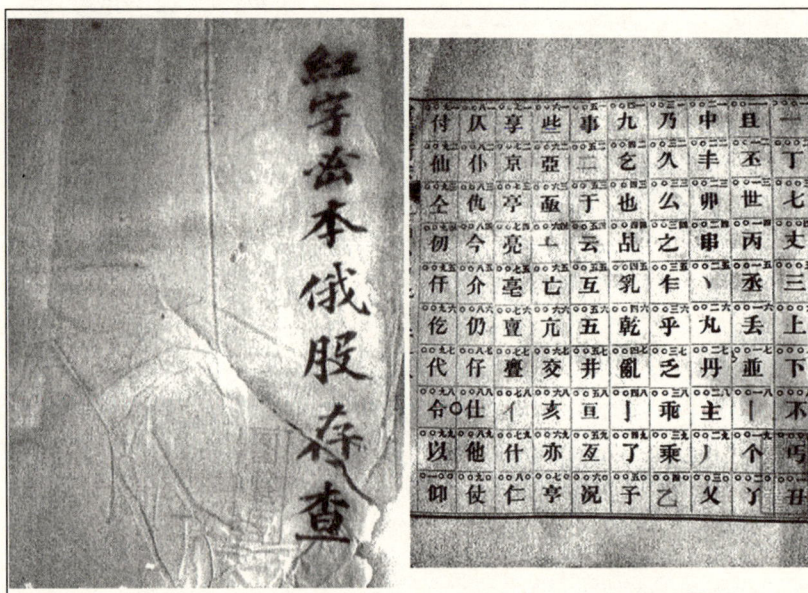

图 4-2 《电信新法》，封面和第一页编码①

张德彝编写的《电信新法》参考了威基谒等西人的中文编码，但该书仍应视为由中国人设计的第一部电报书。北京国家图书馆的古籍馆保存了一本《电信新法》（图 4-2），该书被收录于晚清总理衙门俄股档案中，用于传输中文电报的可能性较大。不过，我们至今未找到其被广泛使用的直接证据。

3.《中国电报新编》

1881 年底，津沪电报即将开通。为解决中文发报问题，郑观应以《电报新书》为基础，组织编写了中国第一部官方中文电报编码书——《中国电报新编》，图 4-3 为 1897 年刻印的《中国电报新编》。

郑观应，又名官应，字陶齐，广东香山（今中山）人。1858 年，郑观应参加科举考试落第，遂放弃举业，转而到上海经商。郑观应一生经营实业达 60 年之久，先后做过上海宝顺洋行、太古轮船公司买办，后参与晚清洋务企业的创办并在其中担任要职，如上海机器织布局、上海电报局、轮船招商局、汉阳铁厂和商办粤汉铁路公司等。1881 年，郑观应担任津沪电报总局上海电报分局总办。他认为威基谒的《电报新书》仅收 6 899 个汉

---

① 图片拍摄于国家图书馆古籍馆。

字，不敷应用，且编纂中有错乱和颠倒，于是组织编纂新的中文编码书《中国电报新编》。该书自津沪电报正式营业之日起各大电报局发售，从此成为中国电报局的官方电报书。

《中国电报新编》同样以 4 位阿拉伯数字代替 1 个汉字。全书共分为三部分，第一部分列出大北公司南北线报费价目和上海电报局各省价目；第二部分为寄报章程，共 35 条；第三部分为编码正文，包括 214 个部首，共 7 897 个字，后又增补 953 个字，总共 8 850 个字。

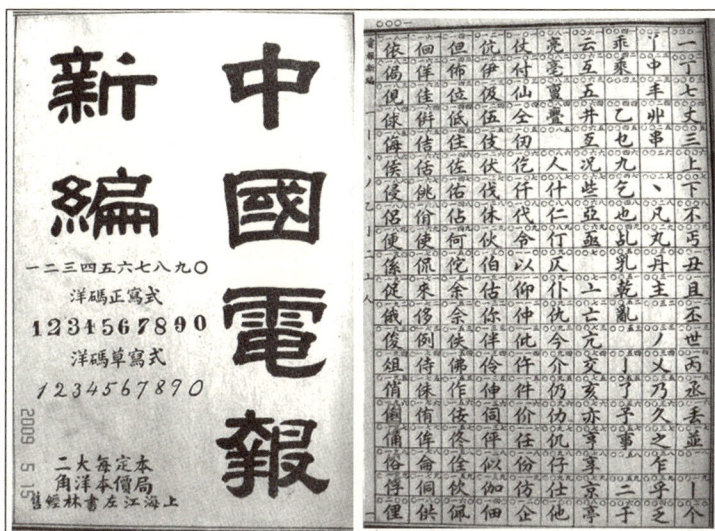

图 4-3　1897 年版《中国电报新编》，封面和第一页编码①

为了给新开通的津沪电报做宣传，1881 年版的《中国电报新编》中还刊有前 3 个月所有报费半价的广告。随着电报的逐渐普及，《中国电报新编》的销量逐渐增多，甚至出现脱销。因此，这一时期出现了不少民间翻刻本。这些书的尺寸、版式和正文均与 1881 年的版本相同，只是前言部分有不同程度的删节，有的版本甚至只有编码部分。在这种情况下，中国电报总局又加印了几批《中国电报新编》，并根据使用情况增补了一些新字，以满足市场需求。目前在国家图书馆的古籍馆和上海等地方档案馆都存有几种不同版本的《中国电报新编》，这也说明了此书流传之广。

《中国电报新编》的出版，不仅为津沪电报的开通做了宣传，提升了

---

① 图片引自大北档案（二类 897）。

中国电报总局的形象，还在一定程度上加快了电报在中国的普及速度。

三、中文编码技术比较

《电报新书》、《电信新法》和《中国电报新编》是晚清三部重要的电报书，三者的编码原理相同，都是用 4 位阿拉伯数字替代 1 个汉字，而且均采用《康熙字典》的排序方式进行编码，但在版面设计、编码内容等方面存在差异。

1. 编码顺序

《康熙字典》的编排方式与《新华字典》基本相同，都是先将所有汉字按部首分类，然后按照笔画数的多少进行排序。笔画数最少的部首排在前面，而相同部首中笔画数最少的汉字又排在前面。《康熙字典》中一共有 214 个部首：

笔画 1：一、丨、丶、丿、乙、亅

笔画 2：二、亠、人（亻）、儿、入、八、冂、冖、冫、几、凵、刀（刂）、力、勹、匕、匚、匸、十、卜、卩、厂、厶、又

笔画 3：口、囗、土、士、夂、夊、夕、大、女、子、宀、寸、小、尢（尣、兀）、尸、屮、山、巛、工、己、巾、干、幺、广、廴、廾、弋、弓、彐（彑）、彡、彳

笔画 4：心（忄）、戈、户、手（扌）、支、攴（攵）、文、斗、斤、方、无、日、曰、月、木、欠、止、歹（歺）、殳、毋、比、毛、氏、气、水（氵）、火（灬）、爪（爫）、父、爻、爿、片、牙、牛（牜）、犬（犭）

笔画 5：玄、玉、瓜、瓦、甘、生、用、田、疋、疒、癶、白、皮、皿、目（罒）、矛、矢、石、礻、内、禾、穴、立

笔画 6：竹、米、糸、缶、网、羊、羽、老、而、耒、耳、聿、肉、臣、自、至、臼、舌、舛、舟、艮、色、艸、虍、虫、血、行、衣、襾

笔画 7：見、角、言、谷、豆、豕、豸、貝、赤、走、足、身、車、辛、辰、辵（辶）、邑、酉、釆、里

笔画 8：金、長、門、阜、隶、隹、雨、青、非

笔画 9：面、革、韋、韭、音、頁、風、飛、食、首、香

笔画 10：馬、骨、高、髟、鬥、鬯、鬲、鬼

笔画11：鱼、鳥、鹵、鹿、麥、麻、

笔画12：黄、黍、黑、黹

笔画13：黽、鼎、鼓、鼠

笔画14—17：鼻、齒、齊、龍、龠

《电报新书》、《电信新法》和《中国电报新编》不仅收录了《康熙字典》中全部的214个部首，而且完全采用字典中的汉字编排顺序。例如，部首为"一"的汉字：丁、七、丈、三、上、下、不、丐、丑、且、丕、世、丙、丞、丟、並，既是部首又是汉字的"一"，因笔画最少而排在第一位，其编码是"0001"；其次是汉字"丁"，编码为"0002"；接下来是汉字"七"，编码为"0003"，并按此顺序依次往下编排。当所有部首为一画的汉字编码完后，就开始对笔画数为二的汉字进行编码，直到所有汉字编码结束。

2. 版面设计

《电报新书》、《电信新法》和《中国电报新编》所采用的编码顺序一致，但在版面设计上还是有所不同。就部首而言（图4-4），《中国电报新编》仅仅是按照笔画顺序将所有的部首排列在一页纸中，而《电信新法》对部首的编排比较科学一些。《电信新法》不仅将所有笔画数相同的部首单独分为一组，而且将每个部首所对应的编码标注在部首下方，这样更方便使用者查找。

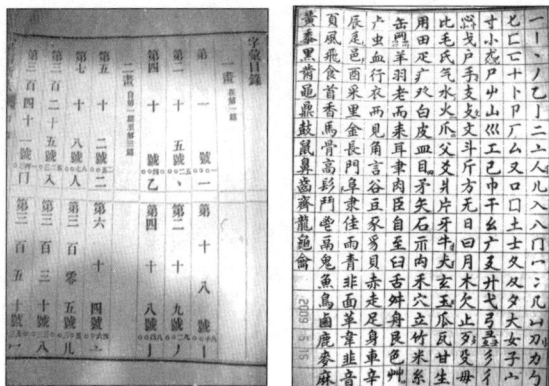

图4-4　左图为《电信新法》的部首页，右图为《中国电报新编》的部首页[1]

---

[1] 图片拍摄于国家图书馆古籍馆。

　　另外，《电信新法》采用的是 10 行与 10 列（10×10）的排列方式，4 位电码标注在每个汉字的上方，且没有空格，如图 4-2。《电报新编》采用的是 20 行与 10 列（20×10）的排列方式，4 位电码标注在每个汉字的下方，并且在每个部首所对应的最后一个字后面都留有一定的空格，如图 4-3，以便日后添加新的汉字。发报者采用从左到右、从上至下的顺序查询所需的电码。比较而言，《电信新法》的排列方式更整齐有序。

　　3. 收录汉字的数量

　　《电报新书》、《电信新法》和《中国电报新编》三部电报书，以《中国电报新编》收录汉字最多，这不仅与编者对常用汉字的判断有关，也与电报的普及有关。随着使用人数的增多，很多之前并不需要的汉字变成了常用字。《中国电报新编》中所增补的 953 个字大都属于这种情况。例如，部首"、"中的第一个汉字"凡"，并未收录在《电信新法》中，后来被收录于《中国电报新编》中。同样也存在《电信新法》中的某一汉字未被《中国电报新编》收录的情况，如汉字"么"。

　　因为收录汉字数目的差异以及排列的顺序不同，所以出现了这三部电报书中相同的汉字对应不同编码的现象。例如，《中国电报新编》中因为每个部首的最后一个汉字后面留有一个空格，所以部首"一"中的最后一个汉字"並"的编码是"0017"，而紧接着的第二个部首"丨"的编码是"0019"。但是在《电信新法》中，因为没有空格，所以部首"丨"的编码是"0018"。这样依次往后，差别更大。

　　事实上，这些差异并不影响发报，只要收发双方使用同一版本的电报书就不会出错。中文编码的关键是如何将汉字转化成对应的数字，而按照何种顺序进行排列只是为了方便查找汉字所对应的编码。正缘于此，很多机密电报都采用密码进行传递，即先将电报书中的电码（一般称其为明码）按照一定的规则转换成另外一种电码（一般称其为密码），然后再进行拍发。当然，这种规则必须由收发电报双方事先约定好。最简单的加密方式就是直接对电码进行加减计算。《中国电报新编》的发报章程中就介绍了如何拍发密码电报。

　　比较《电报新书》、《电信新法》和《中国电报新编》，三者的编码原理完全相同。《中国电报新编》是由中国官方组织编写和刊印的，并且与津沪电报工程同期进行，影响力比前两本都要大。《中国电报新编》收录的汉字也最多，除包含大量《电报新书》中的常用字外，还增补新字 900

多个。1924 年，《电报新书》因收字比《中国电报新编》少，导致各省电报局屡次发生投送困难等情况，后被大北公司弃用。三部书中，《电信新法》的编排方式更为合理有序。郑观应组织编写《中国电报新编》时，为何没有借鉴《电信新法》，这是一个值得思考的问题。

第二节　因地制宜的工程建设

晚清电报以陆线电报为主，线路勘测、插杆、架线是电报建设的主要工作。根据中国多山、多河流的地貌特点，工程师们在修建电报线路的过程中，对插杆、架设等技术做了相应调整。

一、一柱双线

津沪电报的一大特点就是采用一柱双线、官商分离的做法。一柱双线的做法最早由大北公司提出。1874 年，大北公司为修建福厦电报，曾通过美国驻福州领事戴兰娜向福建通商总局提出三项条件，由通商总局任择其一。其中第二个条件是，"本公司自愿备资建立双线，一备商用，一为官报，由官自派干员司理往来电报，或本公司暂行代理，俟有人习晓其艺，然后交还官办"。

大北公司修建双线的目的是用官线做诱饵，以此来获得通商总局对福厦电报的批准；另建一条作为商线，为公司所独有。后来，公司为节省成本将双柱双线改为一柱双线。福建通商总局虽对此提出异议，后又不了了之。

1881 年，清廷因军事目的修建津沪电报，为避免商报过多而影响官报速度，采用"一柱双线"的方式，架设两条电线，一条商用，一条官用。1882 年 11 月，迁至上海的津沪电报总局正式更名为中国电报总局，该局通过召集商股的形式，陆续修建新的电报线路，多以商报为主。但到了 19 世纪末，战争频发，为提高电报的传输速率，清廷在部分电报线上增加了单独的军线，与津沪电报的一柱双线类似。

一柱双线的架设方式在技术上没有什么创新，但可以看出晚清电报建设自始至终都是以军事通信为主。

二、"飞线"技术

"飞线"是在晚清电报建设过程中产生的一项因地制宜的技术，主要用来代替水线，其运用与朝廷财政紧张、整体工业技术水平落后有关。

飞线技术是用高杆、长线的架线方式，跨越河流、山谷、铁路和公路[69]。由第三章知，陆线电报使用的是实心裸铜线，而敷设水线和海底电缆则需要材料和工艺都更复杂的电缆，两者价格相差甚远。晚清电报建设正值朝廷财政紧张，修建津沪电报的费用最初由淮军军饷垫付，其他电报建设费用也基本是通过招集商股或官款先期垫付的形式筹集的。另外，水线维修的费用也很高。由于当时没有适合维修水线的船只，所以一旦出现故障，除需要更换新的电缆外，还需要雇佣洋匠、租用洋船。因此，从经济角度考虑，水线不是当时的首选。

架设飞线与普通陆线电报大致相同，也需要勘测、竖杆、挂线等主要工序，但使用的材料有所不同。由于飞线的跨距长，从机械强度方面考虑，一般使用 7 股镀锌钢绞线代替普通铜线。另外，悬挂飞线除需要普通电线杆之外，还需要配备跨越杆和终端杆。跨越杆比普通电线杆高，其主要作用是升高电线，以保证过往船只顺利通行。跨越杆一般竖立于河岸两侧，采用注油杆或者质地坚实的杉、松、落叶松等木材，并进行防腐处理，使其经久耐用。终端杆是用来连接钢线和普通电线的，被置于跨越杆与标准杆之间，与前后杆距离较近。终端杆需要承受飞线的巨大拉力，所以也应当选用经久耐用、强度较高的材料。终端杆一般都不太高，但较粗。一般的飞线工程，既有终端杆，又有跨越杆。如果河面不宽，船桅不高，且估测的跨越杆高度不足 15 米时，可以将终端杆和跨越杆合并，既做终端杆又做跨越杆（图 4-5）。

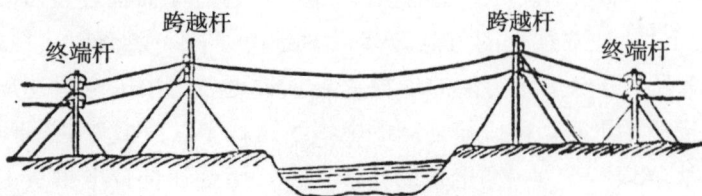

（甲）跨越杆与终端杆分设

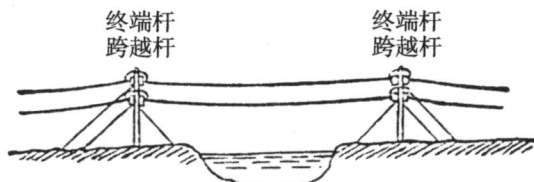

（乙）跨越杆与终端杆合设

图 4-5 跨越杆与终端杆设立位置图[69]

从工程成本和维护方便的角度考虑，一般选择在桥梁附近并在其下游一侧架设飞线。这种地点通常跨距较小、两岸较高、土质也坚实稳定。同时，飞线接近桥梁，可以降低跨越杆的高度。确定跨越杆的高度，除要考虑河水涨落、船桅尺寸外，还要注意电线的最大垂度。在冰凌地区，电线结冰时的垂度最大；在无冰地区，温度最高时垂度最大。另外，在两岸配置跨越杆时，必须做到两岸电线等高悬挂，低岸一边配置较高杆，高岸一边配置较低杆。

飞线技术在电报技术向中国转移初期就产生了，但当时的技术还不太成熟。1881 年，修建津沪电报苏州段时就曾使用过飞线，后因往来船只误撞而损害，飞线又被改换为水线。《申报》（1881 年 12 月 18 日）记录了当时的情况：

> "前报苏省娄门官渎桥跨河电线将换水线。兹悉王镇军带同洋匠及勇丁等，于二十二日行抵娄关，次日辰刻动工。先将跨河旱线剪断，而以水线沉至河底，然后开沟由岸边引出，缘杆而上接连铁线。"[70]

津沪电报开通之后不久，中国开始大规模修建电报，飞线技术被广泛使用。1887 年，张之洞在禀明钦州东兴线架设情形时指出，"因茅岭河面甚阔，另用钢线飞渡以省水线之费"。并在同一奏折中禀明，由安定至毛西村一线，"中隔大河，均用长木飞线"。[18]393

1889 年 6 月，陕甘总督杨昌濬、前陕西巡抚张熙会同李鸿章奏请修建西安至嘉峪关电报：

> "西安城外滨临渭河，兰州迤西，河汉分歧，该员等均熟能生巧，于两岸造砌石墩，建立高杆飞线过渡，以免设立水线，人工费用所省实多。"[8]1633

1896 年，修建长沙武昌电报时，盛宣怀致电宁波电局：

"沙市江面太阔，可择下游窄处过江。多做旱线不妨。长沙过江极狭处不过二里，应做飞线。"[71]322

修建晋、陕、甘新线时，盛宣怀致电太原平遥电局：

"如果溪河城市，需用加长木杆，望该局就近禀请。"[71]363

另有一部分水线因多次故障难以维修，索性废弃改用飞线。例如，关于水线、江线各处维修。盛宣怀致电汉口电局，"巴河水线，如果难修，即改用天线，极是"[71]272；致电九江电局，"小河均用高杆挂线，大河须觅狭处用水线"[71]274；致电重庆电局，"重庆：觅得上游两山，立高杆，用飞线过江，绕路辅立寻常杆线。各省似此改办，均能一劳永逸，望即照办，以免水线淘气"[71]277。

1895 年，京通线东便门水关水线，"时有漏息，以致阻滞电气，修理固不容易，且需时甚久，深恐贻误要公"[8]1568，改用飞线。

当时，普通陆路电线架设所采用的是每五十步立一杆的方法，电杆的高度在 3 丈①左右。1874 年，大北公司修建福州马尾电报，使用 1 丈 5 尺和 2 丈电杆，共计 240 余根。他们对安插电杆的基本要求是，"所立桩柱不得穿城；不得在街道中间竖立桩柱，有碍行道；不得碍人家坟墓之处"，"城内较密，城外较疏，在市较高，在野较低，各视地势，总期两无妨碍"[20]。

中国修建电报均按大北公司的标准制杆，电杆的高度依实际情况略微有所调整。例如，1884 年，修建威海卫电报线，使用 2 丈 8 尺的木杆 500 根，2 丈 5 尺的木杆 250 根。1886 年，由奉天接线展设至珲春，使用的是 2 丈 4 尺、2 丈 5 尺的电杆。

飞线所用电杆较高，是普通电杆的 2～3 倍。长江线维修时，洋匠博怡生致电盛宣怀："太平府、芜湖、鲁江三处，需改办七丈长杆十二根，五丈长杆十二根、四丈长杆十二根，均要剔除弯曲，坚直耐久，径粗八寸。"[71]274 由于长江江面较宽，所以使用的电杆比普通跨越杆还要高，最高达到 9 丈。1898 年，修建张家口—恰克图电报，采伐电杆如下："计伐围径八寸，身长二丈七尺松木、检木各电杆一万四千五百六十七根……又伐围径八寸，身长四丈五尺检木电杆两根……又伐围径八寸，身长五丈四尺检木电杆五根。"[8]1975 根据飞线所用电杆高度，推测 2 丈 7 尺电杆为普通

---

① 此处涉及到的长度单位均出自文献资料。

杆，4 丈 5 尺、5 丈 4 尺电杆为跨越杆。

可以看出，飞线技术在电报建设后期被广泛应用，技术也日益成熟。飞线不仅可以跨越小河、沟渠，更是在长江沿岸多处使用。到 19 世纪末，中国各地区都可以看到"长杆飞线"的景象。

三、"地线"技术

晚清电报建设，除使用飞线技术外，还对是否使用"地线"技术进行过讨论。地线技术就是将电线埋入土中的一种敷设方法。很多学者提到修建京通电报时使用了地线技术，他们认为地线技术也是电报技术本土化的一个重要例子。事实上，在 19 世纪 70 年代末期，地线技术就已经在欧洲广泛使用，而且京通电报并未使用地线技术。目前所查到的最早关于"地线"的记录载于清朝末期外交家李凤苞①的《使德日记》，他在日记中是这样描述的：

> "布法战时，陆路电线易于割断，其后布国遂用埋土之伏线，与过河之电缆相同，合七线为一，而夹以麻绳六绺，加麻丝钢线各一层；再加麻线左旋绕之，髹黑漆一层；又右旋绕之，髹黑漆一层。今柏林及诸大城，已全用伏线，不似伦敦之飞线纵横如蛛丝也。"[72]

李凤苞所说的"伏线"即地线。由"与过河之电缆相同"可知，"伏线"与海底电缆相同，价格应该也与电缆相当。结合对飞线技术的分析，单从经济方面考虑，不难推测地线技术在晚清时期应该不会有太多应用。

其实，早在津沪电报修建期间，曾纪泽就向李鸿章提议使用"地线"。他认为采用地线技术修建电报，不仅可以节省木杆，更可以避免乡民盗窃、毁坏以及恶劣环境的影响。

1881 年 9 月 3 日，李鸿章收到曾纪泽从圣彼得堡发回的电报："或论中国电线宜仿德国埋之土中，既省木柱，又省监守之役，且免风折雪阻。土中天生电气，德有善法避之。电闻，被采择。"[18]470 当时，津沪电报已经开工，不便更改，地线技术未被采用。但李鸿章在回电中表示："津沪电线将成，未便更改；以后续添，自应访求德法。"[18]470

---

① 李凤苞（1843—1887），字丹崖，江苏崇明人。爱好历算，精于测绘，深为李鸿章赏识。曾捐资为道员。后受命办理江南制造局、吴淞炮台工程局，并兼任两局编译，翻译科学技术书籍。1878 年经李鸿章保荐，担任驻德公使。1881 年又兼任驻奥、意、荷三国公使。

津沪电报之后，全国各地大规模修建电报，但均未使用地线技术。1883 年修建苏浙闽粤线，李鸿章在《华商接办苏浙闽粤线章程》中明确提出："电杆应用木料甚多，须各就近处采办，应请援案免纳税厘。"[8]437 可见，李鸿章并没有按照他之前所说采用"地线"。电报建设后期，因各报局每年用于维修电杆的费用较多，郑观应曾提出，"将木杆尽换铁杆，以省岁修而杜虚报事当可行耳"[73]1507。这表明，也未采用"地线"。

当时，坚持竖杆架线，宁肯用铁杆也不用"地线"，究其原因可能有两点：一是，所需成本较高，朝廷难以承受。二是，各省电报皆以津沪电报为标准修建，且华匠已经掌握插杆、接线等技术。如果采用地线技术，必须重新雇用德国或其他国家洋匠，这与朝廷早日裁撤洋人的期望不符。

1884 年，朝廷内部讨论修建京通电报一事，地线技术被再次提起。1883 年，津通线（津沪线的延长线）开通后，京城与外界的消息传递速度迅速提高。但此线仅到达通州，信函到达京城仍有所耽误，为此朝廷有将津通线展设至京城之意。1884 年 1 月 3 日，总理衙门提出修建京通线建议：

"现拟安设双线由通州展至京城，以一端引入署中，专递官信，以一端择地安置，用便商民，且线端由水关暗入，所虑亦极周币。"[8]841

总理衙门强调"所虑亦极周币"，是为了避免招致顽固派的反对。虽然此前已经修建多条电报线路，电报在传递消息上的优越性也日益显现，但要在北京城内修建电报线路仍然是一件十分敏感的事情。1875 年，工科给事中陈彝就曾以电线杆深入地底、横动直贯、破坏风水为由上奏朝廷，反对修建福厦电报。此奏折一经呈上，立刻引起朝廷的重视。为避免类似事情的发生，李鸿章提议在京通线中使用"地线"。这时距离曾纪泽首次提出使用地线技术已经过去近 3 年时间。

1884 年 1 月 18 日，李鸿章在上奏京通电报筹办情况时，说道：

"伏查中国所设旱路电线，沿途竖立木杆，杆上架以铁线，以通电气。惟京城为辇毂经由之地，观瞻宜肃。是以城内拟用铜线埋入地中，俾电由地行，不致碍目。仍用双心水线由水关引入外城，择地设立商局，收取报资，以充经费。再以一线通至总理衙门，另设电报房一所，专寄官报。"[8]853

虽然李鸿章成功组织修建了津沪电报，但将电报引入京城仍没有十足把握。此时，官员们正在对是否应该大规模修建铁路而进行激烈的争论，风水问题被再次提起。李鸿章担心朝廷会因风水问题拒绝修建京通线，但他在给总理衙门的信中却没有提到此原因。只是说"京城为辇毂经由之地，观瞻宜肃"，即立杆架线影响京城庄重的形象，建议京通线用"地线"敷设。李鸿章此时为避免提到"风水"这样的敏感字眼而换了个说法，更显出他的老道。

6月19日，李鸿章再次致函总理衙门，要求尽快开办京通电报。他说：

> "鸿章深虑都衢九达之地，偏立电杆，既易损伤，且骇观听。屡遣通商委员到都禀商，将线端暗入水关，并改设地线，迤逦至署，以省立杆疑众之弊。"[8]952

因此，改设地线，"以省立杆疑众之弊"，才是李鸿章建议采用"地线"的真正目的。但在随后的道路勘测中发现，京城沟渠污秽甚多不适合使用"地线"。

1884年7月4日，总理衙门收到李鸿章关于京城改设电线杆的信函，内容如下：

> "查通州至东便门量见线路二十七里，仍用旱线。进东便门改用水线，安置城河河底，约常七百余丈。进崇文门东面水关，沿城根至大街计二百三十丈，大街至堂子胡同口三百六十丈，胡同口至总署一百二十丈，前拟开挖地沟置放地线，污秽相触，线难持久，且一有损伤便须挖沟修换，原属权宜而非经久之法。今蒙指示内城七百余丈，拟改用顶细钢线，立红漆木杆二十余根。约三十余丈立杆一根，悬线于上，似亦不甚触目。"[8]966

京通线最终采取与普通电报同样的竖杆架线的方式，但在处理方式上还是略微有所不同。"顶细钢线"、"红漆木杆"、"约三十余丈立杆一根"，说明京城竖立的电线杆不仅被漆成红色，而且杆与杆之间的距离也扩大了。而为了防止电线因木杆距离过大被扯断，铜线也被换做钢线。

可见，取消"地线"后选择何种架线方式，李鸿章是经过慎重考虑的。经过半年多时间，1884年7月，朝廷正式奏准修建京通电报，京通电报建设正式启动。

总体而言，晚清电报技术本土化的程度不高。飞线技术虽然是根据晚清实际情况所做出的调整，但它并不是一项新的技术，只是扩大了应用范围。另外，飞线技术并未完全被华匠所掌握，道路勘测工作仍依赖洋匠。但可以肯定的是，与电报建设初期相比，朝廷不再是被动地接受，而是主动地去选择适合中国实际情况的电报技术。地线技术尽管没有得到实际应用，但通过京通电报的筹办过程可以看出，风水问题已不再是晚清电报建设的主要障碍。

第三节　电报人才的培养

电报人才包括工程技术人员和报务员两种，工程技术人员主要负责电报线路的建设和维修，报务员主要负责在电报局收发电报。中国电报总局非常重视培养本土电报人才，包括建设电报学堂以培养专业人才，通过边做边学的方式锻炼修建和维护人员等。

一、电报学堂

晚清电报学堂的创办几乎都是与电报建设同时进行的，其主要目的是为即将竣工的电报线路沿线的各电报分局培养报务员，部分学堂开设线路检测、仪器故障、维修等课程，培养维修人员。中国第一所电报学堂是1876 年由丁日昌创办的福州电报学堂，开办时间仅一年，共招收学员 40 名。这批学生虽然数量不多，但取得了成效，在台湾电报和津沪电报的建设中发挥了重要作用。据统计，包括福州电报学堂在内，1876—1890 年间，朝廷创办的电报学堂大概有 6 所，其中以天津电报学堂最为著名。天津电报学堂创办于津沪电报建设初期，直至 20 世纪初关闭，是晚清规模最大、开办时间最久的电报学堂，也是输送电报人才最多的学堂。

1. 天津电报学堂

天津电报学堂由李鸿章组织创办，1880 年 10 月 6 日开学。学堂聘请璞尔生（Care H. O. Poulsen）、克利钦生（B. F. Christiansen）等一批丹麦教员教授电学和电报操作技术，聘期为一年。所有毕业学生均被拨往各电报分局从事发报工作。与福州电报学堂相比，天津电报学堂的学生除了要学习与电报直接相关的知识，如莫尔斯电码和电学工程，还要学习基础自然科学、数学和西文。西文能力仍是学堂挑选学生的优先条件。福州电报学堂最初招收的 40 名学生中，有 28 名在香港学习过英文。天津学堂第一批招收的 32 名学生中，至少有 23 名留美幼童。

1881 年底，津沪电报提前竣工，按照合同约定，天津电报学堂应尽早关闭。1882 年 2 月，盛宣怀、郑观应等人向李鸿章提议，再建一条从上海至广州的电报线路——苏浙闽粤线，与津沪电报线路在苏州相接。12 月底，该线得到朝廷批准。原本计划只开办一年的天津电报学堂，也因此续办了一年，以便为新开设的电报线培养报务员。李鸿章在《商局接办电线折》的奏折附件中，提出：

> "津沪电局管报学生，皆由天津学堂随时拨往。拟请现有学生赶紧教习外，再招谙习英文学生四五十名，一体教习，约于来年年底即可拨局派用。"[18]341

另外，李鸿章还提出从第一批回国的留美幼童中挑选 8 位专门学习机器维修技术。苏浙闽粤线竣工之后，电报学堂按原计划本应再次停办，但因国内电报建设迅速扩展，这所电报学堂就一直开办了下去，直至 20 世纪初。

天津电报学堂聘请的洋教习中，最重要的一位是丹麦人璞尔生。他除担任天津电报学堂的总教习外，还编写了多部教科书供学堂使用。1895 年，璞尔生总结了天津电报学堂建设的目的：教授中国学生电磁学理论和电报技术，使他们能在各分局电报房胜任工作。学堂的课程从最初设置的英语、电学和电报操作，还逐渐增加了电磁学理论、电报通信和设备的实用技术，建设陆路电线和敷设海底电缆的技术等。

1895 年，天津电报学堂共有学生 50 名，分作 4 班。他们的年龄从 16 岁到 22 岁不等。按班级的高低，他们每月可以领到 3～10 两白银的津贴。1895 年的课程包括：电报实习、基础电信问题、仪器故障、国际电报规约、电磁学、电测试、各种电报线路测量、材料学、电报地理学、数学、制图、电力照明、英文和中文。采用的教科书是璞尔生所著的《电报学》以及他为该学堂编写的其他书籍。入学时英语和数学基础好的学生可在 4、5 年后毕业。北京同文馆学生庆常在 1895 年兼任该校提调，并兼任英文教习，璞尔生教授技术课。截至 1895 年，天津电报学堂共有毕业生300 名。[74]

天津电报学堂自 1880 年开办，持续了近 20 年。与之前不同的是，到

20世纪初期，所有教职工已全部由中国人担任。但1902年的《中国年鉴与名录》中没有记录该学堂，可能它在此时已停办。

2. 其他电报学堂

19世纪80年代，随着国内电报网络的扩展，上海、福州、广州等地也相继开办电报学堂。这些学堂的开办主要是为所在地区的电报局培养报务员，此任务一完成，这些学堂也就停办了。

1882年，因为修建苏浙闽粤电报，天津电报学堂培养的学生远不够用，于是又设一按报塾于上海胡家宅会香里赁民屋，即上海电报学堂。该学堂总办为姚彦鸿，聘请大东公司报务员唐璧田任教员教授收发报法。7月5日，该学堂开考，与试者约80人，总计招收学生20名，由电报总局总管博怡生（C. C. bojesen）担任考官。博怡生是大北公司派往中国的首批工程师之一，他参加过1874—1876年的福厦电报建设，曾遭到中国官民的殴打，后来辞去大北公司职务加入中国电报总局，并担任多年的首席工程师。当时的上海电报学堂并未规定学生的毕业时间，只要成绩优异，可随时派至上海电报总局任职，缺额则陆续考补。学堂内最初都是中国人，一年后迁至电报总局中，学生人数渐增，于是又聘请华人教员牛尚周、张兆塿等人。后来又扩大了学堂规模，不仅分设按报塾、测量塾，还聘请了博怡生等洋教员教授电气测定、修整机器、架设电线等科目。

1883年，左宗棠为修建长江电报，提出在江宁设立金陵电报局同文电学馆，招收学生学习收发报技术，为新建线路的经营做准备。同样，张之洞于1887年在广州建立两广电报学堂，为修建两广电报的西北、西南两条展设线路做准备。该学堂除教习电学、算学、测量等法外，每日还教以英、法各文，兼"四书"、"五经"。1890年，台湾建立了一个短期的电报学堂，一年之后关闭。该学堂主要招收西学堂及福建船政、电信学生，传习电信技术，以养成司报生、掣器手等为目的。

与天津电报学堂相比，其他电报学堂不仅开办时间短、规模小，而且多聘请华人，但它们的高效率和极强的实用性，为各电报局培养了大量的报务员。

二、留美幼童

1880年，李鸿章主持修建津沪电报时急需大批技术人才，遂将朝廷撤回的留美幼童分批送往各电报学堂和电报局学习电报技术。与电报学堂培养的一般报务员不同，一些留美幼童经过学堂培训和实际锻炼，成为电报工程师和电报局的管理者。他们不仅参与中国多条电报干线的勘测施工，成为电报网络的奠基人，还积极参与电政事务的对外交涉，成为电报主权的重要捍卫者。

留美幼童是中国最早的官派留学生。该计划由中国近代首位留美学生容闳倡议，在曾国藩、李鸿章的支持下进行。1872—1875 年间，朝廷每年派遣 30 名幼童赴美留学，前后 4 次共 120 人，计划在美学习 15 年。这批学生出洋时的平均年龄只有 12 岁，因此又被称为留美幼童。第一批幼童于 1872 年 8 月 11 日由上海出发，跨越太平洋，在美国旧金山登陆。这些幼童被分配到 54 户美国家庭（其中康涅狄格州 34 户、麻萨诸塞州 20 户）中生活。他们以惊人的速度克服了语言障碍，成为他们就读的各个学校中的优秀生。据不完全统计，到 1880 年，共有 50 多名幼童进入美国的大学学习。其中 22 名进入耶鲁大学、8 名进入麻省理工学院、3 名进入哥伦比亚大学、1 名进入哈佛大学。幼童在美国接受西方的教育，过美国式的生活。随着时间的推移，这些幼童不愿穿中式服装，经常是一身美式打扮，不少幼童索性把辫子剪掉，一些幼童甚至信奉了基督教……所有这些新变化都是晚清保守官僚所不能容忍的。1881 年，由于朝廷内部顽固势力的阻扰和美国的排华风潮，朝廷中断留学计划，召回全部学生。当时撤回的幼童大部分都没能完成学业，有的在大学、有的在中学，耶鲁大学的 22 位留学幼童中只有詹天佑和欧阳庚两人顺利完成学业。

其实，在朝廷决定召回幼童之前，李鸿章就因修建津沪电报急需大批技术人才，于 1881 年 5 月 16 日致电驻美公使陈兰彬，令其转告留学事务局监督吴子登和容闳，于留美幼童中挑选"颖悟纯静，尚未入大学院者二十人，令速赴各处电报馆游历，讲求电学。津、沪新设电报需人，两月后文书到美，即令伊等回华供差"。[75]181 当朝廷宣布留学事务终止后，李鸿章又发报给吴子登，称："总署已奏准全撤，俟奉到行知照办。电报学生可令先回。"[75]182

按照李鸿章的要求，"头批学生二十一名均送电局学传电报，二三批学生内有由船政局、上海机器局留用二十三名，其余五十名经臣（李鸿章）札饬津海关道周馥会同机器、电报各局逐加考验，分拨天津水师、机器、鱼雷、电报、医馆等处学习当差。"[75]167 1881 年，除因事未撤回及在美病故的 26 名幼童外，其余 94 名分三批回国。

电报事业成为绝大部分留美幼童回国后施展才华的重要舞台。据不完全统计，留美幼童回国后曾从事过电报事业的至少有以下人员（表4-1）。

表4-1　回国后从事过电报业的留美幼童名单[76]99

留美批次	姓　名
第一批	梁敦彦、蔡绍基、黄开甲、牛尚周
第二批	吴应科、方伯梁、梁金荣、唐元湛、卓仁志
第三批	袁长坤、孙广明、朱宝奎、朱锡绥、程大业、周万鹏
第四批	吴焕荣、陆德彰、林联盛、冯炳钟、陶廷赓、盛文扬、周传谏、潘斯炽

首批撤回的21名幼童按照李鸿章的要求被送往各电报局学习电报操作技术，其中有17人被分配到刚刚创办的天津电报学堂。经过短期培训，有8名被派往津沪电报沿线的7个分局。在美国成绩优异的耶鲁学生梁敦彦、黄开甲都曾是天津的"电报生"，他们不久就被高官看中，梁敦彦成为两广总督张之洞的秘书，黄开甲成为中国电报总局总办盛宣怀的秘书[77]。不久，第二、三批年龄更小、学历更浅的幼童们也被派往全国各大电报局学习。此后，津沪线各电报房领班几乎都由留美幼童担任。

在电报学堂学习的留美幼童除被派往各电报房收发报外，另有一些幼童被送往大北公司继续学习，以提高他们的专业技能。1882年3月5日，盛宣怀向李鸿章建议：

> "应由电报学堂选择聪颖大学生八名，责成洋教习专教测验之法，并由机器局选拔聪颖大学生三名，移送职局交与大北公司，学习修理电报机器之法，另由职局选派聪颖学生数名，交与大北公司，学习修理水线之法。务使一年之后，群才毕集。倘学生仅知打报之法，恐洋匠永远难以裁撤。"[71]203

不到一年时间，这批幼童就能够胜任线路检测和维修工作了。《申报》（1882年12月5日）对此报道：

> "津沪设立电线至今已阅一载，开办之初即以南北两工之督造，洋匠分驻津、济、清、扬、镇、苏、沪七局。其实测量推算，华学生亦优为之，只以合同已订一年，故不惜糜此重金优给薪水。刻届满年之期，已奉总局电饬苏、清、扬、沪等局，洋人遵照撤回。只调津局之博怡生驻上海，其镇江之高尔亭、济宁之摩棘，则留以管理水线事宜云。"[70]

1883 年，津沪电报江南地段支线修建时，盛宣怀曾在给上海电局杨廷杲的电报中写到：

> "派人分三面赶造，一由通州起西行，一由扬州东行接造，一由清江东行造至海州。望即由该守选派委员、学生，分头勘路。"[71]270

可以看出，修建津沪电报时已有学生参与勘测工作。通过津沪电报工程的锻炼，留美幼童的专业技能迅速提高。1883 年，左宗棠获准架设第三条电报干线——长江线，由周万鹏等留美幼童负责修建，1884 年即告竣工。1885 年，云贵总督岑毓英奏请架设第四条电报干线——云南线，仍由周万鹏等人负责规划。据《宝山县再续志》记载：

> "乙酉年（1885 年），（周万鹏）调汉口规划滇黔路线，由鄂经蜀踰黔入滇，躬冒瘴疠于山嵩榛莽间，解装露卧，辍粮忍饥，历程万里。"[78]

修建这几条电报干线时虽仍聘请外国工程师提供主要技术指导，但周万鹏等留美幼童已经以工程设计师和指挥者的身份参与其中。不过，目前还未见到中国留学生独立完成勘测工作的史料。

留美幼童除在电报建设方面发挥重要作用外，还参与了电政的对外交涉，为争取民族权益做出了积极的贡献。例如，朱宝奎、周万鹏先后就厦门水线电报问题多次与法国进行谈判；朱宝奎、周万鹏、梁敦彦就青岛至烟台、吴淞口的水线电报问题多次与德国交涉；他们还与日本、俄国谈判，收回北满陆路和东清陆路接线等权利。在与列强交涉过程中，留美幼童凭借其外语优势，加上从事电报业务所积累的专业知识，捍卫了中国的电政主权。

留美幼童因对中国早期电报事业所做出的重要贡献，多次受到朝廷的嘉奖。1885 年，留美幼童黄开甲、朱宝奎等 19 人获得直隶总督李鸿章的提名褒奖。1892 年，李鸿章奏请褒奖的历年办理京城、天津、上海等处电报尤为出力各员中，朱宝奎被提名榜首，同时褒荐的还有胜文扬、周万鹏、冯炳忠、陆德彰、潘斯炽、陶廷赓、牛尚周、唐元湛等。1899 年，北洋大臣裕禄奏褒京城等处电局出力人员，朱宝奎再次被提名榜首，同时褒奖的还有黄开甲、周万鹏、唐元湛和程大业。[76]99

至 19 世纪末 20 世纪初，留美幼童已成为中国电报事业的领导和中坚力量。1911 年，盛宣怀奏举周万鹏为中国电政总局局长，在《请派电政总局局长各差片》中，写道：

"现充电政局总办二品衔候选道周万鹏系肄业美国学生出身，随臣宣怀创办电报已三十年，谙练电学、资劳最深……拟请恩准赏给四品卿衔派充电政总局局长。"[79]

据统计，在20多名留美幼童之中，有10人先后担任电报局经理、局长或主管等职：

黄开甲，曾任中国电报总局总办盛宣怀的秘书、招商局和电报局经理；

周万鹏，曾任中国电政总局局长；

朱宝奎，曾任上海电报局局长、邮传部左侍郎；

袁长坤，曾任交通部电报总局局长；

陶廷赓，曾任湖北省电报局局长；

程大业，曾任恰克图电报局和满洲里电报局局长；

吴焕荣，曾任江西省电报局局长；

方伯梁，曾任汉口电报局局长；

唐元湛，曾任上海电政分局总办；

梁金荣，曾任江西省电报局局长。①

与电报学堂培养的学生相比，留美幼童有更好的西文和西学基础，能更快地掌握电报操作技能和与电报相关的知识。他们很快成为中国电报建设的主力军，由最初的电报生晋升为各大电报局的管理者。

三、修筑和维护人员

晚清参与电报建设的人员，除收发报的电报学堂学生，以及后来成为电报工程师和电报局管理者的留美幼童外，还有一批修筑和维护人员。他们是在电报建设过程中协助洋匠一起工作的普通官兵和农夫，通过边做边学的方式，学会了勘察线路、插杆、接线和巡护等工作。他们的工作较为

---

① 黄开甲、周万鹏、袁长坤，第三批留美幼童，曾居住在麻省霍利约克（Holyoke）的卡格温先生（E. R. Kagwin）家；朱宝奎，第三批留美幼童，曾就读于纽黑文霍普金斯语言学校（Hopkins Grammar School）和南哈特雷高中（South Hadley High School），居住在南哈特雷的摩尔先生家（E. A. Moore）；陶廷赓，第四批留美幼童，曾居住在麻省亨廷顿（Huntington）的艾拉德（A. M. Allard）女士家；程大业，第三批留美幼童，曾就读哈特福德公立高中，居住在巴博（J. O. Barber）先生家；吴焕荣，第四批留美幼童，曾就读于纽黑文霍普金斯语言学校，居住在斯蒂芬（Stephen Hubbell）牧师家；方伯梁，第二批留美幼童，曾就读麻省理工学院；唐元湛，第二批留美幼童，曾居住在麻省春田（pringfield）麦克琳（Mac Laine）先生家。

简单，技术含量较低，属于普通工程技术人员。在电报线路建设初期，临时分派的官兵还起到保护电线、防止百姓闹事和偷窃等作用。

为顺利勘测线路和竖杆架线，洋人或西方电报公司一般会雇用当地乡民协助完成。1865 年，雷诺在上海浦东小岬与黄浦江口金塘灯塔间修建中国第一条陆路电报，雇用了当地居民。虽然这条电报线路刚架设完就被丁日昌等人撤去，但整个修建过程却十分顺利。这些乡民算是中国最早参与电报建设的华匠。1874 年，大北公司计划在福建修建一条从福州马尾至罗星塔的电报，因担心遭到当地百姓阻挠，希望借福建通商总局之名修建。于是，提出：

> "借众地方官保护木桩、电线，勿俾华民蹭蹬、行窃。要在视同中国设立，总须多出剀切示谕，使各周知。更须遴委三两谙练干员随带官役插桩安线，令民间见者信为中国所为。更于木桩之上用华文深刻载明此桩系中国官所立数字。"[20]

同时，大北公司还给当地乡民一些钱，解决与民田和陵墓相关的问题，有时也会雇用这些乡民搬运电线杆等物。由于马尾电报完全由大北公司修建，福建通商总局仅享有免费使用的权利，所以这一时期的华匠基本没有受过任何专业的培训，所做的都是一些体力活。一个月之后，福厦电报开工，清朝官员正式参与到电报的建设中。他们不仅负责保护洋匠和电线的安全，还随洋匠一起勘测线路，边学边做，一段时间后也能胜任插杆、接线等工作。福厦电报线路的勘测由福建通商总局九品官员虞际清协助大北公司洋匠完成。可惜的是，这些刚刚参与电报建设的华匠，不久就因为福厦电报工程的终止而结束了工作。他们最终也未能接受正规的培训，成为合格的电报工匠。

1881 年，由于修建津沪电报急需大量电报人才，除创办电报学堂培养学生，召回留美幼童外，朝廷沿用了福厦电报修建过程中雇用官兵和民夫的办法。这批参与津沪电报修建的华匠，因其出色的工作受到李鸿章嘉奖，之后又参与了多条电报线路的建设。在各条电报线路的建设章程中经常出现"开工宜资熟手"的字样。例如，《苏浙闽粤线章程》中的第七条规定：

> "开工宜资熟手也。前次南路工程所调铭军二百名，勤敏过于民夫。此次开工拟请仍调从前铭军熟手二百名赴工，由局酌发赏项，以收事半功倍之效。"[8]436

除雇用官兵修建电报线路外，在线路经营后还需雇用官兵沿途巡护。这批担任巡护工作的华匠有一个共同的名字"汛兵"。津沪电报局制订的《巡护章程》规定：

> "营汛在四十里以内者，应派兵一名作为一段驻巡；四十里以外至七十里者应派兵两名分作两段驻巡；七十里以外至一百二十里者，应派三名分作三段驻巡。"[70]

如果将津沪线按 3 000 里计算，需要汛兵 100 多名。《巡护章程》还规定：

> "下汛所派之兵无论何处，皆应先两三日赶到上汛，随同设线委员、洋匠学做埋杆、接线之事……埋杆、接线两三日皆可学会，将来遇有损坏，该兵立即修接，一面禀报分局。"[70]

可以看出，从事巡护工作的汛兵在上岗之前都需要掌握基本的埋线和接线技能，以备对被毁坏的线路进行简单维修。与福建电报修建时期的华匠相比，这一时期的华匠接受过专业的培训，工作也较为稳定。19 世纪 80 年代末期，中国开始大规模修建电报，华匠的身影遍布全国各地。

综上所述，电报学堂是输送电报人才的重要基地，其建设与发展是与电报建设紧密联系的。电报学堂的学生逐渐取代通商口岸各重要电报房的西方雇员，独立经营和管理电报业务，留美幼童成为他们中间的佼佼者。这些接受过正规教育的学生和历次电报建设中培养出来的华匠，构成了晚清电报建设的主要人才。但遗憾的是，当时的中国因缺少教授西方科学知识的高等教育机构，始终未能培养出掌握核心技术的本土人才。

第五章　津沪电报的创办与经营管理

19 世纪 60 年代，清廷对修建电报的态度是全面禁止。对清廷而言，这一时期主要是发展军事工业。进入 70 年代，中国边防、海防多次告急，清廷从政治、军事的迫切需要出发，决定自办电报。与此同时，洋务派自 19 世纪 70 年代中期开始筹办新企业。电报通信成为发展工商业的迫切需要。在李鸿章的支持下，盛宣怀一手督办和经营起电报事业。

第一节　津沪电报的创办

1880 年 9 月 16 日，李鸿章上奏朝廷，从外交、国防等需要出发，请设津沪电报，获准。随后，盛宣怀等人用了一年时间，建成津沪电报线路。

一、筹议与规划

事实上，在向朝廷递交《请设南北洋电报片》之前，李鸿章已经与大北公司达成协议，由该公司承办津沪电报。雇用人员、勘察线路、设立电报房、创办电报学校、采购各种器材等前期工作几乎都由盛宣怀完成。

　　盛宣怀，字杏荪，江苏武进人，出身于地主知识分子和封建官吏的家庭。祖父盛隆，清嘉庆庚午年（1810 年）举人，当过浙江海宁州知州。父亲盛康，清道光甲辰年（1844 年）进士，1860 年前后，以布政使衔先后任湖北粮道、盐法道。受父亲注重经世致用之学的影响，盛宣怀比较注意社会实际问题。1866 年，他在常州中秀才，但在之后的 3 次乡试（1867、1873 和 1876 年）中均名落孙山。不过，在第一次乡试之后，盛宣怀就已经走上了另一条通往成功的道路。1870 年 5 月，李鸿章受命处理回民起义。应李鸿章的谋士杨宗濂的邀请，盛宣怀进入总督统帅部并于 7 月随李鸿章去往西安。在一年多时间里，盛宣怀跟随淮军，担任秘书和军需供应的职务。1871 年，他脱离军职，受李鸿章委派去遭受洪涝、饥荒灾害的直隶赈灾。1872 年，李鸿章建立轮船招商局，盛宣怀协助制订章程。从这时开始，他成为李鸿章的主要经济顾问，直至中日甲午战争爆发。

　　盛宣怀自入李幕，即得到李鸿章的信任。李鸿章主要在洋务外交和筹办洋务两方面提携盛宣怀，而尤其以后者为重：1873 年，轮船招商局正式营业，盛宣怀担任会办；1875 年，受命负责湖北煤铁勘察事项；1876 年，因在收购旗昌轮船公司（Shanghai Steam Navigation Company）、赎回淞沪铁路等事件中发挥重要作用，在李鸿章的推荐下得到清帝召见；1879 年，得到第一个正式行政职位，被委任为天津河间兵备道；1881 年，督办津沪电报局，并在第二年成功将其改组为官督商办企业；1885 年，被委任为招商局督办，直至 1902 年底。

　　可见，盛宣怀在办理洋务方面所取得的成绩与李鸿章的提携密切相关。盛宣怀在其《行述》中称李鸿章为"毕生第一知己"。盛宣怀与李鸿章之间的亲密关系也为洋务企业选择官督商办的经营方式创造了条件。

　　1879 年底，盛宣怀开始与李鸿章酝酿架线办电报一事。盛宣怀在《行述》中记其事道：

　　　"时文忠督直久，内政修举，海内骈安，恒思效法欧西为自强大计。知府君（指盛宣怀）夙以开通风气自任，辄垂问商榷。府君以为欲谋富强，莫先于两大端，两者维何？铁路、电报是已。路事体大，宜稍辽缓；电报则非急起图功不可。文忠慢然曰'是吾志也，子盍为我成之！'府君唯唯，是为办理电报之始。"[37]46

　　1880 年 6 月，盛宣怀通过英国商人亨利（Henry S. Bidwell）的介绍，与大北公司翻译淑尔赐在天津商议津沪、京津电报事宜。盛宣怀原计划将电报直接通入京城，后遭到李鸿章的反对。7月23日，淑尔赐与李鸿章进行面谈。李鸿章指责大北公司利用清政府的无知，在出售福建电报中获得暴利。而此时，德国的克虏伯公司也通过亨利向盛宣怀递交了计划书，大北公司本无有利竞争条件。但是，李鸿章出于军事和经济上的考虑，希望津沪电报在建成之后能与大北公司沪港海底电缆相接，以加快与国外的信息往来。从这个角度考虑，大北公司较克虏伯公司更具竞争优势。清政府与大北公司很快达成一致。

在与大北公司商议的过程中，李鸿章首先反对由天津修建电报线路至京城。他担心在京城修建电报线路离朝廷太近会遭到慈禧太后等人的反对。同时，李鸿章还吸取了修建福建电报的经验教训，坚持由华商投资，反对中西合资。另外，为避免引发有关电报所有权的争议，他坚持与大北公司签订所有雇用关系，包括修建电报、代为经营管理和教习学生。

1880年10月，津沪电报总局在天津成立，主要负责津沪电报线路的建设。盛宣怀、郑藻如和刘君含3人为总办，在大沽口、济宁、临清、镇江、苏州和上海6处分局各设有1～2名委员。上海局为郑观应和谢家福、临清为朱福春、济宁为陈锡纯、清江为陈同源、镇江为严作霖和张世邢、苏州为刘庭来和谢庭芝（表5-1）。各分局的主要工作是负责电报器材的接运、保管，分派官兵协助洋匠勘察和架设线路。分局之间每50里设置1巡护房，各选派营兵2名，保护沿线工匠和线路的安全。

表 5-1　电报局创立初期部分人员名单：[70]

官职	姓名	电报局内职务
直隶候补道	盛宣怀	清光绪六年委办天津总局，八年三月移驻上海总局
津海关道	郑藻如	清光绪六年委办天津总局，七年奉使美日秘国
直隶候补道	刘含芳	清光绪六年委办天津总局，八年辞差
分发补用道	朱格仁	清光绪六年委办天津学堂，九年二月兼办天津局
尽先选用道	郑观应	清光绪七年二月委办上海局
附生	谢家福	清光绪七年四月委办上海局，十月调办苏州局，九年二月调办上海局
候选主事	经元善	清光绪七年十月委办上海局
两淮盐大使	朱福春	清光绪七年四月委办临清局，九年三月调办南浔局

（续表）

官职	姓名	电报局内职务
江苏府同知	陈锡纯	清光绪七年四月委办济宁局，八年九月辞差
候补知县	陈同源	清光绪七年四月委办清江局，八年九月调济宁局，九年五月回清江局
廪生	严作霖	清光绪七年四月委办镇江局，六月辞差
候选县	张世邢	清光绪七年六月委办镇江局
分省补用道	李培宋	清光绪七年六月委办镇江局，八年四月调办扬州局
广东候补县	刘庭来	清光绪七年六月委办苏州局，十月故。
河南府	谢庭芝	清光绪七年六月委办苏州局
江西候补府	许炳焘	清光绪七年十月委办苏州局
候补通判	黄建莞	清光绪七年十月委办天津局
两江候补副将	王荣和	清光绪八年正月委办天津局，九年正月奉委赴工
江苏候补道	王之春	清光绪八年四月委办镇江局
举人	陈同礼	清光绪八年九月委办清江局，九年五月赴都

同时，天津电报学堂成立，盛宣怀任总办，由大北公司聘请丹麦人璞尔生及克利钦生等洋教习来华教授电学、发报工作等事。另外，盛宣怀还亲拟了《谨拟电报局招股章程》、《电报招股简明章程十条》（以下简称《简明章程》），吸取江海关道刘瑞芬、津海关道郑藻如的意见，拟定了《详定大略章程二十条》（以下简称《详定章程》）①，并按照这两份章程聘请洋、华工匠，购料，招股和施工。部分章程内容如下：

电报招股简明章程十条

"一、此次开办电报，自天津以至上海，约估需银十数万两，先招商本六万两，其余均由官本垫用。俟办成后，再行续招归垫，所有续招股分，仍应先尽此次有股者添足，然后再招新股，以杜趋避。将来本局再有扩充，亦必先尽旧股再招新股。盖不愿使创始者徒劳尝试，后来者反许居上，此实西法中可取之法也。

---

① 《谨拟电报局招股章程》与《详定大略章程二十条》是前后稿的关系，《电报招股简明章程十条》是为《详定大略章程二十条》的发布而作，有补充说明的意义。

二、招股无论绅商均准搭入，每股湘平足色银一百两为一票，认票不认人。

三、账目一年一结，凡有股者皆当送核，并准不拘何时到局中看账。

四、执股票者如愿出让，应赴本局知照，先尽有股之人接替。如有股之人不愿顶受，再听另行招人并须赴局注明底册更换股票。

五、凡系有股票者皆是盈亏相共，不必预定官利。禀定所收信资，支用有余，准先提六成匀分，其余四成作为公积，以便添造电线。届时如有搭入新股，则旧股内之四成公积，亦准作为新股。

六、章程内开，官商皆须一律取资，并须先付信资再行发电。凡股分中人均应照办，不得通融拖欠。

七、局外银钱账目，不得在局内牵涉。

八、各局管理银钱账目之人，均须的实荐保，如有侵挪惟荐保是问。

九、目前批准章程二十条刊刻如左。[即下篇《详定大略章程二十条》] 惟事系中国创办，头绪纷繁，仍须随时斟酌。俟办有成规，再行布达。

十、公事皆宜从速，势不及遍为商酌，如有兴利除弊，有益本局之处，尽可将条承寄至总局酌量去取，以期集思广益。（盛档）"[40]115

详定大略章程二十条

"一、中国兴造电线以通军报为第一要务，便商民次之。今先由天津以达上海，所需资本约仅十余万两，或全拨官本，或全集商资，均属易事。唯此等有益富强之举，创始不易，持久尤难。倘非官为维持，无以创始。若非商为经营，无以持久。前蒙奏明先于军饷内垫办，俟办成后招股集资，分年缴本，即由官督商办，是使商受其利而官操其权，实为颠扑不破之道。兹拟先招商本六万两，其余暂领官本，随后续招商股，分年缴还官垫银两，以符奏案。

二、中国人众，自必信多，将来电信四通八达，所取信资可当日增月盛。但开办之初，恐商民尚不尽知其中敏妙，寄信者未必能多，所收信资万一不敷开销，应准核实暂由北洋洋药加厘项下具领津贴，俟获有余利，再将津贴之款分次归补。

三、中国电线势必先难后获，故必有远见者乐从其事。所收商本应以一百两为一股，给发股票印票为凭，认票不认人。拟定按年结账，所收信资，开除经费之外，苟或不敷，暂请津贴。若有盈余，按照资本多寡，先提六成均匀分派，不必额定官利，其余四成作为公积，以备添造电线，愈推愈广，利益无穷。

四、本局奏明官督商办，听其自取信资，以充经费。所有中国官商及洋商寄信取资，应由本局议定价目，其有与上海大北公司海线交易，取资应由本局与大北公司妥议价目，一并刊刻章程，以归划一。

五、本局经费浩繁，全赖信资开支，各省官府过多，若稍一通融，势必经费无出，尽欲借支津贴，何以持久？拟仿照轮船局章程，无论官商，皆须一律取资，以充经费，并须先付信资，再行发电，不得通融拖欠。

六、电报原为洋务军务而设，军机处、总理衙门、各省督抚衙门、各国出使大臣，所寄洋务军务电信，应自区别，以存体制。应请由以上各衙门于寄报信纸上面盖用关防，局中验明，随到随发。除代转洋商电报公司照给信资外，所有本局应取信资另册存记，年终汇报。如本局有应归补津贴之款，及官本应支之利，皆准以此项信资抵缴，倘无抵缴之款，即亦毋庸具领。此外，京外文武各衙门营局台所，皆不在此例。

七、学堂与本局相为表里，其学生俟到局派事之后，薪水由本局开支。所有设学堂经费，系为国家造就人才起见，应在军饷内开支，免在商本内归还。

八、商人出资承办意在急公，凡属西法创举，必应历年久远，以数十年为通筹，庶可冀后日之盈，以补今日之绌。现在众商出资报劾，自应准其永远承办推广施行。是商人之利亦国家之利也。

九、本局系官督商办，所有银钱收支，应如各局之例，详报呈核，并应如各公司之例刊账传观。不论何时，均准有股之人赴局看账。如果有人侵蚀，皆可诉知总办查究。

十、本局总办应驻天津，其各分局均归调度。此举专为军务洋务而设，凡有关于关道及机器制造局军械所，应帮同料理之事，各该道均应力代维持，以顾大局。

十一、各局用人均须妥实，各有专责，应由总办加意遴选，开单禀请派定，不得殉情滥收员友，徒滋靡费，甚至偾事。局内员友收用之后，若未合宜，仍即禀撤，勿得瞻徇。

十二、洋监工霍洛斯订定每日可做二十里，自津至沪二千八百里，计须做工一百四十天，以五月初一日动工，除下雨担搁之日，计需十一月内完工。大约来岁封河之后总可通报。

十三、材料及应用器具，必须分布各段以便临时取用，拟以两百里左右为一段，分作十六段为存材料处所，除天津、临清、济宁、清江、镇江、上海、苏州七处本须设局外，其余兴济、连镇、故城、史家口、夏镇、台儿庄、宿迁、高邮、常州九处存放。物料栈房九处，已经酌妥，二等分局应设几处，再行随时酌定。

十四、五十里应设一巡电房，选派本处巡兵二名，以资巡逻，每月酌给津贴银数两，凡该管五十里之内，均责成该营兵往返巡逻，由霍洛斯及各洋匠教其接线通电之法，并收拾之法，以便遇损即修，免耽要信，并由地方严谕各段地保认真看守，勿使损失。俟另定保护章程，再拟详请通行。

十五、电线安置一段即设巡电房，其巡电房存料处，皆分隶七局，就近照管，以相维系。

十六、沿途设线请专派熟悉大员照料，山东、江苏应请咨行各派妥员届时会同照料，以免耽误日期。

十七、各局现用莫尔斯器，应以《电报新书》所集华字为稳妥之法，只有几千几百几十几字，故只以四码为准，凡寄信系逐字集成，即使讹错一字，尚易揣摩，故遇有紧要公事，当仍以集字为便。

十八、曾星使〔曾纪泽〕辑有电句集锦，所集字句计有几万几千几百几十几句字，故以五码为准。凡寄信可以逐句集成，信资较为节省。本局特又参酌刊成一书发售，或用四码或用五码，悉听寄信者随时定夺，皆可照办。

十九、中国十八省目前电报仅有直隶、江苏、山东三省，并不能通三省，各府州县其隔府隔州县须递电报，如长江以上欲递电报至上海、天津等处，可将应递之信交付信局送至镇局发电，如南洋各省欲递电报至苏州、天津等处，亦可由信局送至沪局发电，山陕各省欲递电报至山东、江苏等处，亦可由信局送津局发电。四通八达无往不可。是以本局将来当在各处设立信局以通气脉，目前如有可靠之信局情愿承揽本局信件者，准给木牌，上写'凡官商有寄电报局信件即由该信局代寄本局转递'字样，俾知电报可由信局转寄，则电报之设，于远省有利益。

二十、隔省来信既可转达有电报之处，则凡有电报之处，亦可寄信，隔省如天津欲寄广东，信即由轮船局附寄，亦须十日始达。如由天津发电报至上海，再由本局代交信局，由轮船转寄广东，已省却天津至上海之日期，约计较速四五日，封河时尚不止此。以是类推，无论何处紧急之信，皆由电报转达为快，行之久远，四海当无不称便也。（盛档）"[40]115

可以看到，津沪电报筹议之时，盛宣怀极力支持招商之举，但这个计划并没有付诸实施。例如，"先招商本六万两"，实际上津沪电报完全由官款修建完成。"先于军饷内垫办，俟办成后招股集资，分年缴本，即由官督商办"，实际上最初津沪电报是完全官办，经营一段时间后才逐步将官督商办提上日程。分析计划失败原因，应该是由于商人对投资津沪电报缺乏兴趣。其一，津沪电报在当时尚不具备商业经营的价值和可能。其二，当时轮船招商局正处在官方整顿的政治压力之下，商人们对官督商办体制下的经营活动缺乏信心。[80]

1880 年 10 月，盛宣怀将《简明章程》和《详定章程》呈送李鸿章。1881 年 1 月 28 日，李鸿章逐条做了批示，但未对官督商办表态。

二、线路建设

1880 年 12 月 22 日，电报总局与大北公司签订津沪电报代办合同。合同内容如下：

中国电报总局与大北电报公司建造电报陆线合同

"中国电报总局和大北电报公司关于建设天津至上海电报陆线事由鉴于中国电报总局已接奉直隶总督李阁下指示建设电报线路，并与上海大北电报公司签订购买器材及聘用雇员合同。

本合同一式两份，双方各执一份。

一、大北电报公司根据料单负责从欧洲购买电报线路所需器材，于 1881 年 5 月 15 日前运至上海和指定的中国其他电报局。所有器材必须质量优良，最新型式，否则予以拒收。大北公司将负责按质量和型式要求予以更换，更换产品的运费、保险费不再另收。

按器材价单在上海预付三分之一定洋，交货后按账单结费付款。

大北公司将收取十分之一酬金，中国电报总局可从卖主处获得回扣。

二、大北公司将为天津中国电报学堂代聘两名外籍教员，教授电报学有关学科及英语，包括津贴每人每月湘平银二百两，自到学校后计算。

聘用一名外籍工程师，指导建设电路，包括津贴每月湘平银三百两，另聘三名副工程师每人每月湘平银二百两。

上述六人聘期一年，期满后中国电报总局可以续聘或解雇，三名副工程师自欧洲来回旅费 140 英镑，到上海后付给一半，另一半回欧时发给。这一办法适用于聘自欧洲的教员。

大北公司保证聘用人员胜任所担任的工作，如不能胜任，其工资和旅费将不予支付，如有需要，大北公司同意予以更换。线路建设过程中，如需额外聘用外籍人员参加工作，其工资数额和所担任工种，大北公司同意随时协助解决。

三、中国电报总局任何时候需要何种器材，均可从大北公司库房中提供，但须按原价并加付 10% 费用，亦可不向大北公司购买。向大北公司租用船只或其他资产，将按合理价格结算。

四、线路建设前和施工过程中，双方必须密切合作并作出必要安排。为保持友谊，中国电报总局同意自上海另建海缆一条，供大北公司业务使用，其费用与其他公司相同。

对上述四条条文解释如有争议，以中文本为准。"[57]

按照两份章程，中国电报总局开始聘雇洋、华工程技术人员，购料、招股和施工，进展颇为顺利。

津沪电报共设两线，一线由上海直达天津，专供官报使用；二线由天津经紫竹林、大沽、临清、济宁、清江浦、镇江、苏州，到达上海。根据《详定章程》第十三条内容，至 1881 年 4 月，电报器材已陆续运到各分局及几处临时存放处。电报线路与此前所议"由天津陆路循运河以至江北，越长江由镇江达上海"基本一致，由大北公司工程师负责勘测。5 月下旬，津沪电报工程从上海、天津两端同时开工。洋匠博怡生（C. C. bojesen）和霍洛斯（Holst）分别担任南、北路监工，中方督造委员分别是南路王锦堂，北路余君，但其官印官阶未详。

为了节省开支，津沪线路主要以陆线为主，仅在跨越长江时使用水线连接。7月6日，上海端第一根电线杆在南京路5号（大北公司门前）竖起，约每50步立一杆。据《申报》（1881年7月7日）记载：

> "电局兴工——本埠设立电报分局情形曾经列报，兹悉该局已于前日开工即就英界电线公司行门首木杆上接起电线，迤西转北，又折向西，在北京路英茂洋行门前另立木杆承线。又过兴仁里，后往北过铁路大桥，沿苏州河一路朝西。昨晚时约，可接至曹家渡矣。工人约共百余名，有西人督工。每离五十步立一木杆，上黏告示一道，云督造南路电线工程局王示，奉宪设立电报，毋许系缆损扰，如违提究等语。所用之木杆质甚坚致。查数日之间约成十二里路之工程，据闻刻因开办伊始工作难速，嗣后多备船只装载物料，再添工人，每日约可做十里光景云。"[70]

津沪电报的第一根电线杆竖立于大北公司门口，而不是上海电报局门口，是因为上海电报局成立时完全依赖大北公司的技术，于是将电报房直接设在大北公司内。[81]91

津沪电报工程进展顺利，除动用军队协助施工外，还与机器的使用有关。钻地、插杆并非完全依靠人力。据《申报》（1881年8月15日）记载：

> "夫役作工颇为迅速，第见垦地植木不需锄锸，所用机器妙若轳辘，持柄插土，左旋右旋，随心应手，深浅阔狭无不如式。"[70]

因使用机器，工程每日可完成10里左右。8月中旬，南路竖杆至苏州娄门城外，北路由天津至山东已竖杆900余里。9月，南路电线架设至镇江，北路电线已造至山东临清。不过，建设后期复杂的地形包括沼泽地、河流和沟渠等，给施工带来了一些困难，工程进度受到一定的影响。

津沪电报修建的另一大特点是，建成一段试通一段。据《申报》报道：

> "十八日，苏州电局员董以自申抵苏，各处工程已竣工，恭请抚藩臬三宪赴局试验。三宪均于午前亲自驾临，发报至沪，即赴七襄公所。午膳毕，申局回信已到。"[70]

9月20日，镇江电报局发报至上海英领事处，确定此段电报已通。22日，镇江英领事又发报至上海威妥玛公使处，并告知威妥玛津沪电报南段线路已造至台儿庄，北段工程大约两周内可以两边接通。这种建成一段、试通一段的方法不仅保证了工程质量和工程进度，还培训锻炼了报务员，为正式经营做好了准备。

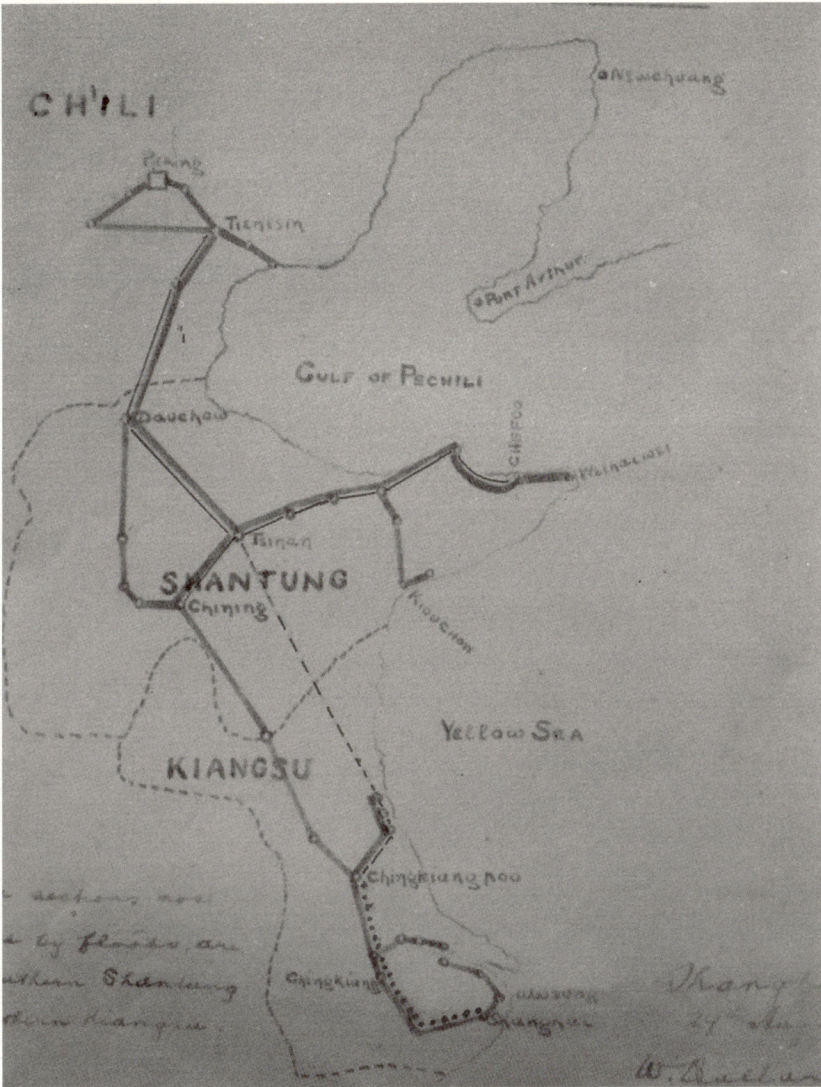

图 5-1 大北公司早期绘制的津沪电报线路示意图[1]

1881 年 10 月 28 日，南、北两队在山东境内会合，但因清江浦和济宁

---

[1] 图片引自大北档案（秘 4）。

两分局机器尚未装妥，故延迟到 12 月 24 日全线试通成功。图 5-1 为大北公司手绘线路图。12 月 28 日，津沪电报正式开始营业。津沪电报总局根据"路有远近，费有等差"的原则，制定了上海与各局往来中文电报每字的资费价目表（表 5-2）：

表 5-2　上海与各地往来中文电报资费价目表[70]

地名	每字价目
苏州	一角
清江浦	八分五厘（清光绪十二年改为一角三分）
天津	一角五分
镇江	一角一分
济宁	九分旋改一角四分
大沽	一角零五厘旋改一角六分（清光绪十二年又改为一角五分）

为了宣传和推广津沪电报，李鸿章准许第一个月报费减半，且专发华人电报，之后再接收各国官商电报。由于当时电报尚未普及，即使这样也还是官报多商报少。据统计，1881 年 12 月到 1882 年 3 月共收入信资银 6 000 两，而支出已高达 19 000 两，支出为收入的三倍多[41]61。津沪电报在很长一段时间内都处于入不敷出的状态。

第二节　津沪电报的官督商办

1881 年 12 月，津沪电报以官款筹建完工，招商问题重新纳入议事日程。津沪电报最终由官办转为官督商办。在当时，电报官办与随后的官督商办，都在晚清电报建设中发挥了重要作用。

一、电报招商与章程修订

津沪报修建完成之后，根据李鸿章原奏应招集商股认缴。此次筹议招商问题还经过了一番激烈的争论，先是盛宣怀重新拟定了一份《电报局招商章程》（简称《招商章程》），共十二条，禀请官督商办。随后，郑观应针对该文章作《致总办津沪电线盛观察论招商办电报书》一文，这两篇立场、观点针锋相对的文字，促使官与商在电报问题上的分歧步入切实予以解决的进程。

电报局招商章程

"中国兴造电线固以传递军报为第一要务，而其本则尤在厚利商民力图久计。前蒙北洋大臣阁爵督宪李奏明，先以军饷项下垫办，俟办有成效，招商集股，分年缴本，即由官督商办。是使商受其利，而官操其权，实为颠扑不破之道。但事属创始，群疑众难，大要不外两端。一恐信资之少也。不知现在大北公司由沪至香港、厦门水线，仅沪上一局计之，常年通牵，每日可收信资二千余元，其中彼此华商所寄，不过二十分之一。今由沪至津，营运多系华人，加以各国驻京公使文报往来，封河以后，递寄更多，通牵每日所收，岂不能抵大北公司十之二三？据此约作极少之数，以津沪两局并计，连中间苏、镇、清、临、济五局，日收三四百元必无不足。况产丝、产茶各码头尚将陆续添设，渐收渐广，何少之有？一则恐传报之漏也。不知本局所刊《电报新编》虽排定号码，尽可两地先自暗约伸缩加减。如寄信者与接信者约定加一百五十号检字，则本来欲寄第一百号爱谛霏之他字，便须缮用第二百五十号爱再批之假字，他人即使按号查检，但知爱再批系属假字，惟接信者查得是他字。推此变法，只有发信与收信二人明白，即本局亦无从句读，何漏之有？

疑难既释，可信良法。然非有美意贯注其间，使官商上下相见以诚，亦难行远而持久。爰将官中创议举办深谅曲体之苦心，撮举大纲为招商规条十二则刊列于左。凡我绅商，当无不踊跃乐从也。

一、现设直隶、山东、江南三省电线，以天津为总局，大沽局附入，上海副之，苏州、镇江、清江、济宁、临清五处为分局。自津至沪，线长二千八百余里，官垫经费银二十万两，拟集商股十万两。归还官款之半，使嗣后成本官仍居半，而利息出入全数归商，以示体恤而广招徕。

二、商本十万两分作一千股，每股两百，酌提官利，长年一分，刊立股单息折，年终即在认股之局凭折支取。除官利外，所有余利作为公积，以备陆续添造，使线愈远而利愈厚。至官本十万两，十年之内不提官利，庶商本余利易于充足，即线道易于推广，其利无穷。

三、现在集股归还之官本十万两，十年之内仍陆续添设电线，并陆续先准在局各股商即于公积余利项内提半，照章添认，股份不足则更集资，必在局者公议另招，方准他商分认。如此转辗腾挪，是十年内股商老本十万两，不但实得二十万两之线道，并可逐渐扩充，实收数十万两之利益，而所剩公积半利亦必日聚日多，无须官本相助矣！

四、未归之官款十万两，永远存局，不更归还。但于十年之后与商本一律起息，仍不兼取息外盈余以分商利，其余亦永远存局加添官股成本。

五、现设电线跨连三省、十府、二十余州县。所有教习、学生各费，如学堂辛俸等项；沿途保护各费，如巡电房兵役等项，所需甚巨，嗣后陆续添线，所费更大，均于本局禀请奏定，无论现设、续设几千万里，以上各费永远由官筹拨，各局具领给放不动商资。

六、电报原为洋务、军务而设，但必先利商务方可行远而持久。是以未成之先，官为垫款创始；既成之后，官为筹款经理。及其推行尽利，亦官为拨款，教习保护，永远不费商资。在国家既不惮损己以益商民，在商民应感恩而报效。今议定，凡奉军机处大臣、总理衙门大臣、各省将军督抚、各国出使大臣所寄洋务、军务、公务电信，请于报信纸面盖用关防，局中验明，随到随发。除代转洋商公司电报照章领给信资外，本局信资则如数全捐，借展急公之义，仍将所捐信资另册存记，年终汇报。

七、本局经费浩繁，全赖信资支给，若京外各省官府寄信，稍一通融，势必难以持久。查访照轮船局章程，无论大小官员，概与商民一律，照章取资，以示公平，并须先付信资，再行发电。

八、本局奏明官督商办，听其自取信资以充经费。所有中国官商及洋商寄信取资，由本局议定价目，其有与上海大北公司海线交易，寄信取资，亦由本局与大北公司公同议定价目，一并刊刻《电报新编》，以归划一。

九、本局虽系官督商办，然洋务、商务尤贵简捷，所有银钱收支，应如各公司之例，周年刊账呈报，并传观各商。届时均准有股之人赴局看账，如果有人侵蚀，皆可诉总办查究。

十、中国十八省目前电报仅有直隶、山东、江苏三省，并不能遍通三省各府、州、县。其隔省、隔府、隔州、隔县须递电报，如长江以上欲递电报至上海、天津等处，可将应递之信交付信局送至镇江发电；如南洋各省欲递电报至苏州等处，亦可由信局送至沪局发电；山、陕各省欲递电报至山东、江苏等处，亦可由信局送至津局发电。四通八达，无往不可。如各处有可靠之信局，情愿承揽本局信件者，准给木牌，上写"凡官商有寄电报局信件，即由该信局代寄本局转递"字样。俾知电报可以由本信局转寄，则电报之设，于远省亦有利益。

十一、隔省来信既可转达有电报之处，则凡有电报之处亦可寄信隔省。如天津欲寄信闽、广等省，即由轮船信局附寄，亦须十余日始达。如由天津发电报至上海，再由本局代交信局，由轮船转寄闽、广，已省却天津至上海之日期，约计较速四五日，封河时尚不止此。以是类推，无论何处紧急之信，总可由电报转达，最为快便。

十二、初办一二年内出款必较多，如延请洋人之类；进款必较少，如产丝、产茶及通商各码头未尽设电之类。今每岁约计经费银八万两（津、沪两局三万四千两，苏、镇、清、临、济五局三万五千两；打报纸张等通率四千两；修理线杆添补料物等七千两）。为出款，每岁约计信资九万余两（津、沪两局每日约共二百五十元，苏、镇、清、临、济五局每日约共百元，通共十二万六千元）。为进款，进出相抵，再除官利一分，有盈无绌。所以然者，全赖官款十万免息及筹垫支拨各款，丝毫不动商资。傅相体恤商情至于如此，各商当感奋争先，勿致疑阻于大局有厚望焉。"[73]1481

比较《详定章程》与《招商章程》，前者第一条"兹拟先招商本六万两，其余暂领官本，随后续招商股，分年缴还官垫银两"，并无官方垫款转作官股的问题，而后者第四条"未归之官款十万两，永远存局，不更归还"，却将官股设置永久化。前者第八条"现在众商出资报劝，自应准其永远承办推广施行，是商人之利亦国家之利也"。后者则直接删除，并在第六条规定"电报原为洋务、军务而设，但必先利商务方可行远而持久。是以未成之先，官为垫款创始；既成之后，官为筹款经理"，如此变动，意味着商人失去了对电报的永久承办权。

总之，在新拟定的《招商章程》中，盛宣怀削弱了商人的经营管理权，有意强化了官督之权，更进一步地背离了商人的愿望。此事引起郑观

139

应等人的不满，致使招商集股一事受阻。为此，郑观应作《致总办津沪电线盛观察论招商办电报书》一文，明确指出了争论的要点。

致总办津沪电线盛观察论招商办电报书（节选）

"捧读创办电报局招商章程，云津沪电线二千八百余里，已由官垫经费二十万两，拟集商股十万两，归还官款之半，嗣后成本官仍居半。官本之年之内不提官利，庶商本余利易于充足，即线路易于推广。十年之后，与商本一律起息，仍不提取，永远存局，加添官股成本等语，似未妥稳。经与谢君绥之、经君莲珊面商，均以为然。已于未妥之句，另纸贴说，管见仍祈大才删改，候禀请北洋大臣批准奏定，方可招股。

愚见中国电报乃独市生意，招股不难，难于当道始终不变。虽目下所收电费入不敷出，将来风气日开，线路日多，获利必日厚。查外国电线铁路均属如是。惟恐当道见其利日厚之时，动须报效免费之。官报愈多，稍不如意，即借端抑勒。中国尚无商律，亦无宪法。专制之下，各股东无如之何！华商相信洋商，不信官督商办之局，职此故也。盖官督商办之局不占公家便宜，只求其保护，尚为地方勒索；若太占便宜，更为公家他日借口。李傅相不能永在北洋，又不能保后任如李傅相能识大体，借此兴商，故创办电报章程第一条至第五条所载以上所论各节，及官督商办是商受其利，官操其权等语，似皆有流弊，想执笔拟章程者意重利商，求易于招股，未曾深思远虑耳。"[73]1475

在官与商分歧加深的情况下，津沪电报招商遭搁置。不过，当时的社会现状在两个方面为官与商分歧的解决提供了契机。第一，津沪电报的实际使用者很少，收支不平衡，不仅没有盈余还出现了亏损，官方自有尽早将津沪电报由官办变官督商办的迫切性。第二，1882年初，商人投资近代企业的热情高涨，郑观应等已涉足电报业的商人对具有商业经营价值的长江电报和浙江电报的投资热情亦更加迫切。同时，在拓展电报线路问题上，盛宣怀与商人志趣相投，也参与到筹议活动中。最终，津沪电报招商以官方向商人妥协而告终。

1882年3月，盛宣怀联合上海电报分局的郑观应、经元善，清江电报分局的李培根以及苏州电报分局的谢家福等联名上禀李鸿章，请求官督商办。他们的禀文如下：

盛宣怀等上李鸿章禀

"会办上海电报分局四品顶戴候选主事经元善

总办上海电报分局三品衔候选道郑观应

总办天津电报局布政使衔候补道盛宣怀

总办清江电报分局二品衔候选道李培根

总办苏州电报分局国子监学正衔谢家福

敬禀者：窃职道等伏奉宪台先后檄委办理津沪电报总分各局，已于上年十月底全工告竣，尚称迅速妥帖。核计旱电双线二千八百余里，连长江、黄河水线在内，共支湘平银十六万数千两，并无丝毫靡费。惟电线兴造之资有限，而常年之费靡穷，是无论官办商办，亟应握其大纲，定为久计，方不致漫无归束。查此案前经宪台奏明，先于军饷内垫办，俟办成后招股集资，分年缴本，即由官督商办。职道宣怀原详所称，此等有益富强之举，非官为扶持，无以创始，非商为经营，无以持久。当奉批饬先招股六万两，照详办理各在案。职道等审思再四，商办亦有二难；中国之风，重官轻商，初创电线，延绵三省，民知官事，不敢妄动；官知国事，不敢不认真巡守。若尽委之于商，虽商出数倍看守之资，而无益于事。此非官为保护不可。电报原为军务、洋务缓急备用，自北至南，所经之地，绝少商贾码头，其他丝茶荟萃之区，尚无枝线可通。线短报稀，取资断不敷用线，非官为津贴不可。或谓：保护、津贴，官仍不能脱然无事，且商可办，官岂不可办乎？但念官办则常年经费赔贴无论多少，尽资淮饷，夫千里瞬息，必急务方见奇功；巨款久靡，恐浅见复多訾议。他日因费多而竟毁弃之，或听其损坏而不修守之，从来后人鲜谅前人创造之意也。职道等抚今日之成局，一为后日思之，不觉寒心焉。不得已，遵奉宪批，试招商股，官督商办，以符奏案。谨将众商所求永远保护、暂为津贴者，查照原详章程，酌量变通，胪列数条，恭呈钧核。其所谓保护者，同为国家办事，官商并无二致，凡沿途文武官员、弁兵人等，仍应官饬认真巡守；如有疏误，准由职局详请，照章赏罚。其所谓津贴者，在官稍有限制，在商或不致毫无把握。如果照此办法，奉批之后，职道等仍当赴沪，招集众商，妥商一切布置。拟自三月初一日起，即归官督商办。嗣后如何布置，有应请示者，有应申报者，仍照轮船招商局悉由总局随时分别请示申报。所有商股六万两，准于本年三月内缴还；官本三万两，本年六月底缴还。官本三万两不得迟延。再，此禀因系在沪所拟，故不及与刘道合衔，合并声明。肃此寸禀，恭叩勋祺。伏祈垂鉴。"[71]205

盛宣怀等在奏折中提出"非官为扶持，无以创始，非商为经营，无以持久"，为商人保留了经营权。

1882 年 4 月 18 日，津沪电报改为官督商办，并移交给盛宣怀及股东经营。不久，盛宣怀对《详定章程》进行修改，另拟了一份《电报局变通章程》（以下简称《变通章程》）。该章程否定了《招商章程》的部分条款，更利于发挥商人的积极性。全文如下：

电报局变通章程

"谨将电报局招股官督商办，应请保护、津贴，按照原详酌拟变通章程十条，恭候宪核。

一、原批第一条既拟先招商本六万两，开办时即先尽商本六万两应用，不足之数再核给官本等因。查开办之初，悉归官本，呼应较灵，故未便遽议招商。现在全工告竣，共支用湘平银十六万数千两，众商拟先招商股缴还银六万两，五年后分年续缴还银二万两，按年缴五千两，免其计息；其余八万数千两，存俟头等官报抵给报费。

二、原批第二条以所收信资抵支用费。恐初办不敷，拟由北洋洋药加厘项下津贴。应俟电报设成后，将收支款项半年核实汇报一次，如有不敷，准其酌请津贴；仍俟获利归还，以重公款等因。查此线照目前开销，约计常年经费需银六七万两。以上冬腊两月核计，共收报资洋三千八百余元，综计不敷之数过多。倘议归官督商办，而仍欲公款津贴，虽责令获利归还，漫无限制，恐鲜把握。今与众商拟定常年经费，无论不敷多少，均不得向官再请津贴，惟求沿途官为保护巡守，务使损坏。所有自津至沪应给汛官马乾、汛兵口粮、汛房修理，约计每年应支湘平银壹万壹仟两，仍请由官项开支，自光绪八年三月起，按月由电报总局具领转发，仍将各营汛领状呈缴。俟五年后电局倘能立脚，此项亦应归电局自行给发。

三、原批第六条，军机处、总理衙门、各省督抚将军、出使各国大臣，如寄洋务、军务电报，须于信纸上盖印，验明转发，是谓头等官报，随到随寄。信资另册存记汇报，如有应还津贴公款，以之抵缴；如无应还之款，毋庸具领，届时再禀请分咨定案等因。查现在常年经费均归商认，并无须请由洋药加厘项下津贴，则应还之款，惟有设线经费十万数千两。除拟续缴二万两外，其余八万数千两，众商拟请将前项头等官报本局应收信资，陆续抵缴，按年核明汇报，俟将此项抵缴完毕，别无应还官款，则前项官报，亦毋庸领资，以尽商家报效之忱。其代转洋商电报公司，仍须现给信资，不在此例。

四、原批第七条，电报学堂经费，准免在商本内归还等因。查第一年各局延雇洋匠八名，仍系为教习学生、造就人才起见，此项薪水川资，仍请由官给发。期满后或撤或留，应由该局酌定，其薪水及回国川资，亦由商本支发。

五、原批第八条，此次出资商股应准永远承办等因。查沪、汉、浙商现议添设枝线，如果兴办，应令并归津沪干线一局办理，不得另分门户。庶使调盈剂虚，渐期推广，以免甘苦不均之弊。

六、原批第十四条，五十里应设一巡电房，选派本处营兵二名巡逻，仍另立保护章程等因。查沿途设立巡电房，责成绿营汛兵看守，以及另分大段梭巡，均有专案。嗣后仍由官为督饬巡守保护，勿任损坏，以免贻误军报。如果遇有为难，准由电报局随时禀候核办。

七、原禀第七条，学堂与本局相为表里，其学生俟到局派事之后，薪水由本局开支等语。查各局现用学生，已由学堂陆续调用，嗣后仍由总局随时详咨酌调。派事之后，即由局分别给发薪水。如有不服规矩、不谙功夫者，仍随时送还学堂训习，免其在外暴弃。每届学堂派员考验，请派津局总办在内，以便带领洋总管察看学生功夫优劣。

八、原禀第十条，本局总办应驻天津，其各分局均归调度；第十一条，各局用人须妥实，各有专责，应由总办遴选，开单请定等语。查现在各局委员有应留应撤者，均由总局酌定，除已派各员系请宪札外，嗣后如有改派董事司事，均由总局酌派，以节繁文。

九、原禀第九条，本局系官督商办，所有银钱收支，应如各局之例，详报查核，并应如各公司之例，刊账传观等语。查自上年十一月起至本年二月底止，系由官办，所收报资若干，均应缴归淮饷。除收款外，实透支若干截数核明，专案报销。嗣后应照官督商办章程，按年刊账，即照刊本抄送一份，详报备查。免其月报，以节繁文。

　　十、办理三年，如有成效，巡守官弁，理应由局呈请奖励；各局
　　员董、司事、学生，亦准其择尤保奖，以示勉励人才之意。"[71]208

第一条，对如何归还官款做出规定。《详定章程》第一条中仅提到分
年缴还官款，而《变通章程》中增加了免息条款。这样在交付第一期还款
6 万两之后，"商"便可在 5 年还款延缓期中获利，电报局也得以站稳脚
跟。从 1887 年起，分 4 年无息归还 2 万两，余下的 9 万多两官款将从一等
官报报费中扣还。

第二条，取消《详定章程》中第二条"所收信资万一不敷开销，应准
核实暂由北洋洋药加厘项下具领津贴"一项，改为 5 年内"汛官马乾、汛
兵口粮、汛房修理"一切出官项开支。从这里可以看出，官商对电报的发
展前景是乐观的。随着电报的发展，信资不敷的状况将得到缓解。比较而
言，每年约 11 000 两的巡护和维修费用才是电报局最大的负担。在第一个
5 年中，由官款支付这笔费用利于电报局的发展。

第三条，与《详定章程》比较无明显改动，头等官报免费，以尽商家
报效之忧。

第四条，除按《详定章程》所定，学堂经费由军饷支付外，洋匠首年
薪水川资也应由官款给发。另外《变通章程》中还规定，期满后洋匠去留
问题由电报局决定，其薪水及回国川资由商本内支出。

第五条，《详定章程》内规定"应准其（商人）永远承办推广施行"。
《变通章程》中重申此请求，并要求如果兴办电报支线，必须由电报总局
统一办理，不得另分门户。不允许设立其他电报公司，在某种程度上保证
了津沪电报总局在中国电报市场的垄断地位，这也是保证电报总局丰厚利
润的重要因素。

第六至九条，确定商办的一些基本权利，维护企业的自主权，如，学
生培训、董事、人事的改派等。

第十条为增加款，要求对有重要贡献的人员给予一定奖励。

很明显，《变通章程》是按"利商"原则修订的，这也是郑观应等人
经营电报的基本思想[40]153。津沪电报招商成为晚清商人投资态度对官方政
策产生制约影响的典型事例。

二、官督商办的经营管理

津沪电报改为官督商办后，依照《变通章程》的基本思想开始运作。

　　首先解决的是津沪电报的费用问题。电报总局除一次性归还官本6万两外，5年之后再分年缴还2万两，其余费用由一等官报内扣除。另外，首年聘请洋教习的费用，所有电报学堂费用，以及5年的巡护和维修费用均由官款支付。以下是李鸿章于1882年9月30日向朝廷提交的津沪电报工程费用清单，从中可以清楚看到清廷对津沪电报建设提供的经济支持。

创办津沪电线收支经费

　　"安置电线经费项下

　　一、天津至上海设立电线工料等项。自光绪七年三月开办起，至是年十月工竣止，共支库平银十一万四千五百四十二两七钱八分三厘二丝一忽。

　　查前款由天津循运河至江北，越长江由镇江达上海，内隔黄河长江处所，设备水线相接，陆路安置旱电双线，计二千七百二十四里。所有购置中外料物器具脚价正杂各款，共支湘平银十七万八千七百两六钱八分六厘零四丝四忽六微。除将招集商股先行缴还湘平银六万两收归扣抵外，实仍支湘合库平银前数，应俟分年续还银款，并头等官报信资抵缴，数目按年核明，再行分别收归开报。

　　总分各局经费项下

　　一、天津至上海分立八局，委员司事打报翻译学生匠役人等薪粮工食并添置器具什物公费等项。自光绪七年十一月起，至八年二月底止，计四个月，共支湘平银六千二百十两六钱一分七厘四毫七丝。

　　查前款共支湘平银一万二千三百三十五两二钱六分六厘一毫一丝，内除收回四个月电报信资洋合湘平银六千一百二十四两六钱四分八厘六毫四丝抵支外，实计不敷湘平银前数，应请归于官款支给。

　　自八年三月初一日以后，此项经费即以所收信资抵支，无论不敷多少，不得向官再请津贴。

　　二、天津至上海八局各雇洋匠教习一名共八名，月支辛工银一千七百两。自光绪七年十一月起至八年二月底止，计四个月，共支湘平银六千八百两。

　　查前款于八年三月初一日官督商办起，第一年辛工及回国川资均由官项支给，期满后由商接支。

　　三、天津至上海分设七十八汛，津贴巡护弁兵马乾口粮。自光绪七年十一月起至八年二月底止，计四个月，共支湘平银三千五百八十四两八钱三分四厘八毫四丝二忽。

查前款系按设立电线程途二千七百二十四里，每里每月马乾口粮各津贴银一钱六分。又天津至大沽口一百二十里，每月酌给银二十二两，并济宁、镇江两局管辖，黄河、长江因有水线，另派巡护，酌加口粮，共计月支湘平银九百十两八钱七分四厘八毫分别扣建。由商禀明八年三月初一日官督商办起，仍归官项支给，俟五年后电报局倘能立脚，此项津贴即由商自行发给。

以上三共湘平银一万六千五百九十五两四钱五分二厘三毫一丝二忽，折合库平银一万六千十四两一钱三分九厘六丝四忽。

电报学堂经费项下

一、委员教习司事书识修理电报机器匠夫役人等薪粮工食共银三千七百四十八两。

二、洋教习辛工并由外国至上海赴天津盘费等银六千七百二十二两三钱二分。

三、学生膏火奖赏衣履并置备床铺桌凳器具等银一千八百二十七两零二分四厘六毫。

四、委员教习人等房租油烛茶炭并学生伙食盘川置办零星杂物等项公费银四千三百二十两。

五、购置电报机器物件价脚并中外各种书籍地图洋纸笔墨朱砚等银二千四百四十九两二钱二分一厘二毫。

以上五项，自光绪六年九月开办起，至八年二月底止，连闰计十九个月，共支湘平银一万九千六十六两五钱六分五厘七毫，折合库平银一万八千三百九十八两六钱九分三厘一毫三丝九忽。

查前款，自八年三月起，现有学生三十二名，嗣后陆续派出。拟不招添新生，并随时酌栽教习，以节饷需。

以上统共请销库平银十四万八千九百五十五两六钱一分五厘二毫二丝四忽。"[8]347

津沪电报建设总计花费约 214 363 两，其中线路建设费用 178 700 两，电局费用 16 595 两，电报学堂费用 19 066 两。津沪电报总局除扣抵信资的 6 124 两外，前期仅支付 6 万两，不到总费用的万分之三。可见，清廷对津沪电报建设的支持力度是非常大的。

11月，津沪电报总局正式更名为"中国电报总局"，局址由天津迁至上海，盛宣怀任督办。此前有很多学者认为，更名后的"中国电报总局"即以前的"上海电报分局"，其实不然。津沪电报创办时，除天津设总局外，其余均设分局，上海分局的正名为"上海电报分局"，于光绪七年二月成立，局址在二洋泾桥北堍（今延安车路四川路）[81]91。近年来，在一些史料中记载上海电报分局曾有"中国电报局"、"上海电报局"、"电报沪局"等名称，因此引起了一些误解。

"中国电报局"是相对外国的电报公司而言，多用于与大东、大北公司签订条约、合同。而在上海，上海电报分局的电报房与大北公司门面紧邻，更易使人误解。"上海电报局"一名始见于1882年1月李鸿章向清廷建议赏给大北公司经理恒宁生四等宝星连佩的奏章中，他称："恒之宝星，札发上海电报局转给。"可见，在当时已将"上海电报分局"简称为"上海电报局"。"电报沪局"也是上海电报局的简称，如紫竹林局简称"电报紫局"，采用了同样的简称方式。

1884年1月28日，电报局通过扣抵头等官报报费，归还所剩军饷98 700两。同时，作为半"商办"性质的中国电报总局，也制订了一系列的企业章程，包括《报房成章》、《报房章程》、《收发报房规约》、《接报各生规约》、《巡护章程》、《总管规约》等等。[82]

事实证明，官督商办是中国电报创办初期最为理想的经营模式。在招股不足的情况下，可以从官方得到开办和周转所需的垫款，得到材料进口免税的特权；在道路勘测、电线架设和线路维护过程中亦可得到官方保护，保证工程的顺利进行；在电报经营之后，还可以得到巡护和培训学员的津贴，这些都有利于新生的电报事业的发展。

官督商办的经营方式还为盛宣怀和他经营的电报局争取到经营商用电报的特权，利用这种特权中国电报总局几乎垄断了全国电报通信市场。由此获得的高额垄断利润，既是中国电报总局积累资本、扩展电报线路的重要资金来源，也是后期束缚企业继续发展的主要因素。另外，与垄断特权相对应的一面是官方勒索。《变通章程》第三条规定即使偿清官本之后，一等官报仍将继续免费以作报效，关于这些内容将在下一章中详述。随着中国电报事业的发展，官督商办制度最终成为制约中国电报局向现代化企业发展的因素之一。

第三节　李鸿章与大北电报公司"禀帖"

津沪电报的修建以及电报总局的成立，给大北和大东电报公司带来一定压力。大北公司希望以减免中国官报费用的条件换取沪港海线 20 年的专营权，以及承修中国电报的优先权。于是，在津沪线动工后不久，大北公司总办恒宁臣借机向李鸿章递交了一份给予公司特权的"禀帖"。李鸿章从政治、军事的角度考察，很快批准了该项请求，也引发了一系列国际利权之争。

一、李鸿章批准大北公司"禀帖"

1881 年 6 月，大北公司总办恒宁臣与李鸿章讨论中国电报网络的扩展情况时，向李鸿章递交了一份给予公司特权的"禀帖"，其主要内容如下：

"一、大北之海线现已设立在中国地面者，中国国家允可独享其利。倘大北公司再添设海线，必请中国国家允准方可。自此次奉准之日起，此海线以二十年为限，不准他国及他处公司于中国地界内另立海线。在此年限之内，凡中国之租界及台湾等处，亦不准他国设立海线。

二、以二十年为限，中国国家欲造海线或旱线，凡大北公司已经设立之处，有与相碍者，中国官商不便设立；其无碍于大北者，尽可自行设立。

三、凡以后中国欲再设电线，大北公司求索之价较他人便宜，中国国家准其包办。

四、中国总理衙门、南北洋大臣、出使大臣及总领事往来之电报，在中国、日本、泰西等处，凡从大北公司自家电线寄发者，大北公司情愿奉让二十年限内均不收费。设有大北公司电线不到之处，须从他国公司电线转寄，仍应出他国公司费用若干。惟所有往来之电报，必须各署盖印送去，以为凭信，大北公司方能免费。

五、大北公司之海线，由香港与泰西相连者曰南线，由日本与俄国相连者曰北线。日后中国电线设成，凡中西商民之在中国者，寄信前往外洋，从中国电信交大北公司转寄，倘其电报不指明从南线寄往外洋，大北公司均从北线转寄，较为迅速。

六、嗣后如有争辨之处，以中国文字为凭。"[8]268

李鸿章认为，此协议"考之西国通例，尚无不合"，当即批示办理。

李鸿章与大北公司签订这份协议，可能有以下几点考虑。

第一，津沪电报建成之后，仍不能完全解决通信迟缓的问题。根据对外交涉的需要，李鸿章认为"将来津沪电报设成，必须与该公司（大北公司）联络一气，呼应乃能灵通"[8]267。于是，同意给予大北公司非法登陆的沪港海线以合法地位，以及 20 年的海线专营权。作为交换条件，津沪电报修建完成之后可以与大北公司的沪港海线相接。

第二，根据津沪电报当时的准备情况，李鸿章认为"大北电报公司代雇洋师教习学生，代购机器电线一切应用物料，均尚妥速省俭，较别家购用者合算"[8]267。因此，同意大北公司包办中国所有新建电报线路。

第三，虽然这份协议对中国后来修建电报的权利有所限制，但与扩展国内电报网络相比，减少因对外交涉所产生的国际电报费用更为重要。李鸿章认为"中国若添设海线旱线，与该公司（大北公司）无碍者可自设立，是于权宜之中稍有限制"[8]267。据大北公司估算，1880 年，清政府通过大北海底电缆与俄国、欧洲通报的费用大约为 33 000 两。[8]268

很显然，大北公司的这份"禀帖"与盛宣怀正在经营的电报事业直接发生冲突。该"禀帖"不允许其他国家在中国修建海底电缆，同时也限制了中国电报事业的发展。利用这份"禀帖"，大北公司不仅拥有沪港海线以及与之相连接的国际海底电缆的唯一经营权，更是垄断了与中国电报总局的合作关系以及在中国通商口岸的电报业务。可见，李鸿章修建电报的目的还是以利军务为主，忽略了电报日后可能带来的巨大经济利益。

此事一出，立刻引起轩然大波，各国公使纷纷表示抗议[15]169。美国公使安吉立（James B. Angell）① 在得知此事后，立即向美国政府报告②：

"当该丹麦公司获得二十年的专利权消息到达北京各使馆后，搅

---

① 安吉立，清光绪七年七月十一日（1881 年 8 月 16 日）任美国驻华公使，仅一个多月，于八月二十一日（10 月 13 日）卸任。

② 这份协议将阻止美国电报公司的海底电缆通过三维治岛（Sandwich Islands）和日本在中国登陆。

动了情绪，不仅是惊异，而是其他许多感想。"

之后，安吉立更是威胁总理衙门，他说：

"一种像这样的专利权之让与，是使一切大国极端憎恶的。各该国的公使，很快就会证明我现在所说的话。特别就美国来说，我敢说我可以毫无保留地代表美国政府，表示对此事件的不能容忍。"

第二天（6月12日），英国公使威妥玛即致函总理衙门：

"本大臣与贵署为英局可否安设电线，曾有往来文件。因思彼时贵署所允准行各节。现在该英国或拟遵行办理，合请贵署检查前文可也。"[8]269

威妥玛认为禁止其他国家设立海线首先违反了"1870协议"，坚决阻止总理衙门批准该"禀帖"。

6月15日，总理衙门去函告知李鸿章，英、美各国抗议其与大北公司议定的特权协议。26日，李鸿章回复总理衙门，他不仅将英、美大使的意见一一驳回，更是将大北公司与俄国、法国、日本签订的类似合同翻译出来附在回函之后。李鸿章称：

"查泰西各国公法，如铁路电报等事，皆由各国自主，或由本国创办，或准公司承办，未闻有他国从旁阻挠者。上年奏准设立津沪电报，原为通信外洋迅速起见，势不能不与大北公司之海线互相联合。创办伊始，凡雇人购料等事，该公司竭诚帮助，禀求仿照前与俄法日本订立合同之例，似无不可允行。此事系鸿章创办，该公司但求敝处批准，并未敢请订合同，考之西国通例，尚无不合……俄日两国与之订限三十年，法国订限二十五年。此次，仅准上海海线二十年，非自我作古也。该公司在沪设立海线，业经十年，无人过问。今中国旱线必须与敝相接，原情许之，非无因至前也。英美各使内怀妒忌，外存恫喝，似可置之不理。"[8]271

李鸿章认为，设立津沪电报并与大北公司海线连接是按照各国公法以及俄、法、日等国的前例办理的，西方国家有决定自己修建铁路和电报的权利，如果中国是一个自主国家，英国和美国就不能干涉中国与其他电报公司签约的权利。总理衙门无需顾忌英、美等国的诘难。同时，李鸿章也意识到在已有的不平等条约下，中国无法获得与这些国家平等的地位。因此，李鸿章在回信的最后表示，如果将来仍有人反对，他将与这些国家单独谈判。

7月2日，总理衙门将李鸿章的回复分别转述给了英、美、德国大使，并附上了俄、法两国与大北公司签订的关于海线专营权的合同。除此之外，总理衙门没有透露任何是否批准了李鸿章与大北公司商议的特权条款的消息①。

二、"禀帖"与利权之争

是否批准大北"禀帖"牵扯到几乎所有西方大国的利益。总理衙门模棱两可的态度导致大北、大东公司以及中国电报总局之间关系的恶化，三方之间的矛盾也最终升级为中、英、丹三国之间的矛盾。

英国大东公司虽然与大北公司在1870年秘密划分了在华的势力范围，但它对大北公司企图垄断海线专营权的做法非常不满。不久，英使威妥玛翻出"1870协议"，提出由香港敷设海线至广州的要求。对此，总理衙门不敢拒绝，李鸿章也表示尚可酌允。之后，大东公司又请求新设海线在广州登陆，当即遭到两广总督张树声②的反对。张树声迅速联合粤商，成立华合公司承办港粤陆线，逼迫大东公司放弃敷设港粤海线的计划。1882年3月25日，华合公司与大北公司签订港粤电报合同。双方合作的条件是，在一年之内必须说服香港政府，获得在香港的登陆权，否则合同作废。

英国修建港粤海线的计划落空之后，又联合法、德、美各国组建万国电报公司，以大北公司沪港海线年久失修，通信常常中断，致使诸多商民受损为由照会总理衙门，要求另设一条海线。事实上，各国是担心大北公司垄断海线专营权后，与大北公司原有沪港海线相连接的电报业务受到影响。根据"1870协议"，李鸿章既不能断然拒绝英使，又不能违背大北"禀帖"。考虑再三，李鸿章认为丹麦较其他各国相比属小国，以后如有纠纷交涉更为容易。因此，他建议盛宣怀等召集华商与大北公司合股另设沪港海线，以拒绝英、法、美等国的请求。李鸿章提议：

"与其再允各国，自不如仍照前议，准丹国小公司承揽，尚易钤制。然在中国海口仅允洋人办理，亦非久计，又莫如劝令现办津沪陆

① 总理衙门在6月15日给李鸿章关于大北协议的回复，并没有记录在《海防档》内。关于总理衙门是否同意批准大北公司这项协议仍然是个谜。

② 张树生，字振轩，安徽合肥人，汉族，廪生出身，清末淮军将领。历任道台、按察使、布政使、巡抚、总督、通商事务大臣等职。思想较开明，提倡"采西人之体，以行其用"。

线之众华商与大北公司合办，则名正言顺。各国闻知必不再搅扰，即有饶舌，断不能喧宾夺主矣。"[8]364

这一提议遭到各国大使更强烈的反对。英使威妥玛更是向总理衙门论述大北公司包揽中国电缆之弊端，并请由大东公司另设沪港海线。此时，大北公司也在积极拉拢中国商人合办第二条大北公司的沪港海线。据此情景，中国电报总局认为：

"归并海线尚是中策，华商独造旱线方为上策。若准华商添设由沪至粤沿海陆线，成本较轻，修理较易，报费较省，则海线必衰，英人将闻之夺气，即大北亦无所挟持……是亦釜底抽薪，息争止沸之策也。"[41]57

于是，提议由华商集资修建沪粤陆线，即沪、浙、闽、粤沿海陆线。李鸿章立即上奏朝廷，获准。同时，朝廷还同意为修建陆线而进口的电线、电器免税。李鸿章指令盛宣怀、郑观应、经元善等人积极筹集华股。1883年4月8日，工程正式开工，次年11月5日完工。

沪粤陆线的修建挫败了万国电报公司的计划，却没能阻挡大东公司修建沪港海线的计划。1883年，英国沪港海线敷设成功。总理衙门与英国政府在关于是否给予大东公司海线在香港、上海和广州的登陆权的谈判中引发外交战争。最后，英国拒绝所有与中国电报总局有关的电报线（包括大北公司）与香港站连接。首先遭到拒绝的就是由华合公司承包的港粤陆线。同样，总理衙门也拒绝大东公司沪港海线在广州和上海登陆。

为了打破僵局，英国政府以提高鸦片烟税，诱使清政府同意英国海线在上海登陆，总理衙门表示同意。时任两江总督的左宗棠也未提出异议，而张树声则希望以此作为交换条件，解决华合公司港粤陆线与香港站连接的问题。1883年3月31日，中英双方签订《上海至香港电报办法合同》。同时，总理衙门为解决纷争、平衡所有外国电报公司在华的权利，决定收回大北公司在上海吴淞修建的陆线。盛宣怀与大北公司经过2个多月的艰苦谈判，终于在1883年5月7日达成协议，双方签署《续订上海香港电报章程》和《九龙香港陆线接线合同》。吴淞陆线由中国电报总局接管，大北与大东公司的沪港海线被允许在吴淞登陆。9月，英国又逼迫清政府允许大东公司海线在福州的川石山登陆。

因为吴淞事件，大北公司与中国电报总局之间产生矛盾，再加上美国电报公司进入中国市场，1883年1月12日，大北与大东公司恢复合作关系。双方议定共同享有在中国登陆的特权，共同分摊通过西伯利亚陆线和印度海线发往欧洲的电报收益，并且联合要求总理衙门批准 1881 年的大北"禀帖"。这时，李鸿章拒绝了两公司的请求，坚持认为大北"禀帖"是公司与地方官员商议之事，与总理衙门无关。李鸿章这样做，可能与之前的几番交涉有关。他逐渐意识到大北的这份"禀帖"已经影响到中国电报事业的发展，只有不断新建电报线路、扩展电报网络才能有效抵制外国电报公司侵占中国电信主权。而此时，清政府对大北公司技术的依赖也逐渐降低，李鸿章有实力将大北"禀帖"弃为废纸。

总体而言，津沪电报的开通是晚清的重要事件。它的积极作用至少有三项：维护国家的通信主权，并为进一步开办和发展电报通信事业起到示范作用；沟通各种信息的交流，有利于国家的政治、军事、经济等活动的统筹安排；改变传统的信息传递观念，促成电报通信方式的盛行，并逐步改变晚清与世隔绝的闭塞状态。

中国电报事业在李鸿章和盛宣怀的主持下得到飞速发展，中国电报总局也因与其他电报公司之间的业务竞争而产生新的矛盾。中国电报总局与俄国电报机构开始谈判北京—佳木斯陆线电报，这对大北公司的上海—长崎—海参崴海线构成威胁。而通过缅甸与印度的相连的电报线路又影响到大东公司上海—印度—欧洲海线的业务。进入 19 世纪 90 年代，逐渐形成了大北、大东公司以及中国电报总局三大阵营既是伙伴又是竞争对手的关系。

第六章　中国电报总局与大北电报公司之比较

丹麦大北电报公司和中国电报总局在电报技术向中国的转移中扮演了重要角色。大北公司是典型的资本企业，而电报总局是一个由官办企业改组而成的官督商办企业，但在某些方面也开始引入现代企业的管理方式。通过资金、人力和技术三个要素，比较大北公司和电报总局，可以认识电报总局未能实现向现代化股份制企业转型的原因。

第一节　企业资本运作

资本在企业发展中起着十分重要的作用。晚清洋务运动始于军事工业化，早期洋务企业多由朝廷投资创办而非民间商人独资或集资创办。国家资本的主导作用，决定洋务企业不可能采取欧洲现代化进程中自由资本私营企业的形式，而必然采取国家资本主义的官办和官督商办的企业形式。[83]34

一、商业资本的筹集

1869 年，丹麦银行家铁德根采用海外并购的方式创办了大北公司，公司的创办资本部分来自董事长铁德根在股票市场上的收益，部分来自丹麦、英国和沙皇俄国的政治家与企业家的投资。与晚清官督商办企业不同，这些政府官员不能直接参与公司的经营管理，却能在必要时给予公司一定的支持。

大北公司由西向东扩张，怀着巨大野心来到东亚，原计划在中国建立庞大的电报网络，将香港、上海、武汉、天津、北京与其国际电报线路相连接。后来，在中国和英国政府的抵制下，该计划未能实现。之后，大北公司重新进行市场定位，为电报总局提供技术、设备和技术人员，并帮助培养电报人才。双方成为长期的合作伙伴。大北公司通过承揽中国电报工程获得巨大利润。更重要的是，许多丹麦籍员工因出色的工作表现获得清政府的嘉奖，这些好的印象帮助大北公司获得在中国合法经营国际电报的权利，沪港海线就是其中很好的例子。

与多数资本主义企业一样，大北公司拿出部分利润作为资本积累，用于更新设备和扩展业务。1924 年，大北公司在交给中国交通部电政司的报告中提到，公司最初的投资为 40 万英镑，后来增加到 150 万英镑[3]。大北公司在很多方面与 20 世纪的现代跨国企业类似，而不仅仅是 19 世纪中期中立小国的一家私营公司。

电报总局的第一笔投资来自李鸿章的淮军军饷，当时的电报总局属于完全的官办企业。1882 年 4 月，盛宣怀提出官督商办，开始在华商中筹集资金，以归还官款。买办资本逐渐成为电报建设新的资本来源。电报总局虽然是一个"官"占主导地位的企业，但在 1909 年收回国有之前，公司所有股票从未被朝廷掌握过。1882 年，盛宣怀改官办电报局为官督商办企业，首次筹集商人资本 6 万两，后来又增招 2 万两。1885 年，修建苏浙闽粤线，盛宣怀计划招收私人资本 80 万元，实际招收 67.5 万元。进入 90 年代，恰克图与俄国相接工程也筹集到资本 38.7 万元。另外，1882—1899 年间，电报总局将 80 万元积余转作资本项目和股票发给股东。这 4 笔资本的总额为 197.2 万元，与收归国有之前电报总局公布的 220 万元相差 22.8 万元。不难推测，这个余额代表着 20 多年来私人投资的一个增长数额。[84]257

商业资本带来的好处是可以借助股东的压力逼迫企业更好地经营。电报总局通过对电报业务的垄断经营获得巨大利润，是晚清洋务企业中几个最赚钱的企业之一。该局股东，在享受 10% 的官利之外，还可分得优厚的利息[85]。但与大北公司不同的是，电报总局在近 20 年的发展中一直被国家资本控制着，即使在归还完所有官款后，商业资本也不能完全控制企业。这也是所有官督商办企业与现代股份制企业的重要区别。

二、国家资本与政府支持

毫无疑问，电报总局从官方贷款和津贴中获益颇多。1882 年，借李鸿章淮军军饷 17.87 万两；1885 年，从四川借得 10 万两，从湖北借得 5 万两；1888 年，从河南借得 2 万两，总计 34.87 万两。同时，电报总局还享受可观的官方津贴。由《电报局变通章程》可知，自 1882 年起，朝廷为津沪电报提供每年 11 000 两的巡护费用，共 5 年；另有津沪各电局支出 16 595 两、电报学堂支出 19 066 两，均由官款承担。1882—1888 年间，李鸿章从直隶军饷中拨给电报总局的津贴总额约 23.4 万两，相当于电报总局这 7 年中的平均年收入[84]259。由此可见，国家资本在电报建设初期非常重要。

这种以官商合作方式创办的官督商办企业，在一定程度上解决了封建农业国家开办洋务企业之初资金启动难的问题，但企业内部官权、商权的划分却不符合现代股份制公司的产权原则。从投资上讲，官方的投资是以债权人身份出现的，获得的收益是固定利息收入；商人的投资是风险资本，获得的是不固定的风险收入，即去掉各种支出（包括官款利息）后的所得。按照现代企业产权理论，当企业处于正常的经营状态下（未破产状态），投资商享有企业的控制权，而非债权人。只有当债权人的利益受到威胁，如企业面临破产，债权人才能掌握企业的控制权。而当企业归还完债权人的资本后，债权人将不再拥有这种权利。电报总局就是这样一家本应由商股掌管，却一直被朝廷控制的官督商办企业。

清朝官员不仅参与电报总局的重大决策，还牢牢控制着公司的人事任免权。督办一职由李鸿章委任的盛宣怀担任，其他管理人员则由盛宣怀选定后再经李鸿章批准，李鸿章以其北洋大臣的身份监督该局。由官方任命的管理人员，多数是不合格的，他们的官僚作风和实际行动与新式企业的需求相矛盾。电报总局内部也同样存在随意任用亲属或同乡、官员受贿或"榨取"等情况。管理人员缺乏基本的现代管理能力和主观积极性，这也是企业经营效率不高的原因之一。这种官僚主义的管理形式，与大北公司开拓性的经营方式构成鲜明对照。

另外，因为有国家资本的投入，官方对企业的勒索就显得理所当然。

郑观应对此认识颇深。他说："盖官督商办之局，不占公家便宜，只求其保护，尚为地方官勒索。若太占便宜，更为公家他日借口。"1884 年 1 月 28 日，电报总局通过一等官报免费的方式还清军饷 9.87 万两，但依据《电报局变通章程》，一等官报应继续免费，以尽商家报效之忧。不久，各电报分局出现局费不支的情况，日渐增多的官报导致商报数量锐减，严重影响到电报局的正常经营。1887 年 8 月，李鸿章要求将头等官报报效减半，官商各支付一半报费，同时缩紧头等官报的范围。即便这样，1884—1902 年间，电报局的报效金额也在 124～143.8 万元之间[84]263，远远超出国家资本的金额。如果这笔巨款被用于更新设备和扩展业务，那么电报总局在被收归邮传部时，就不会出现多处电报线路年久失修的情况。

企业受到官府控制，商人的积极性受到影响，商股的筹集就会遇到困难。不少洋务派思想家希望通过降低"官"的权利，提高"商"的权利来改革官督商办企业，让与企业联系最密切的、经营能力最强的股商管理企业。1882 年，津沪电报招股时，投资者较为活跃。该局股商代表郑观应、经元善、谢家福等人寄希望于将来归还官款后，电报总局能成为完全的商办企业。不过，这一想法最终未能实现。在朝廷看来，官督商办企业是优先发展军事工业的重要组成部分。加强国防不仅需要兵工厂，还需要轮船和电报公司。因此，电报总局从一开始就是清政府重点控制的对象。

1881 年 12 月，盛宣怀草拟的《电报局招商章程》中规定：

> 未归之官款十万两，永远存局，不更归还。但于十年之后与商本一律起息，仍不兼取息外盈余以分商利。其余亦永存局加添官股成本。[40]142

"加添官股资本"表明电报收益的一部分将成为"官股"积累的来源，这样电报总局就永远不能摆脱官方的控制。另一方面，"官股"经过一定的积累有可能取代"商股"，这样电报总局最终又将变成一个完全由政府控制的官办企业。

大北公司虽然没有国家资本的投入，但政府在公司的整个发展过程中发挥了重要作用。19 世纪，欧洲殖民扩张以及全球经济的高速增长为自由贸易创造了机会，但要想在 19 世纪 70 年代创办一个国际化的大公司也并不容易，还需要许多其他条件的支持。大北公司的成功不仅与公司领导者的远见卓识、电报技术的国际化有关，还与丹麦特殊的政治地位有关。大北公司是一家将本国政治地位利用到极限的跨国企业。作为欧洲大陆外围的小国家，丹麦为各方势力交流提供了一个中立的场所。丹麦政府利用其小国地位来争取欧洲主要大国在政治、经济上的支持，特别是英国和俄国的支持。这也正是丹麦国王与许多欧洲君主保持良好私人关系的重要原因。这些关系在一些重要事情的谈判中往往能够发挥巨大作用，如电报业务。

同时，丹麦政府为节约外交成本，通常都将领事馆直接设在丹麦公司在建交国修建或租用的商业大楼内，有时甚至会直接指定某一商业公司员工为该国驻外领事。因此，丹麦的外交政策在很大程度上直接受到这些商业公司的影响，特别是大北公司。丹麦的驻华使团由大北公司资助，远东分公司在中丹外交关系中扮演了一个重要角色。但是多数西方国家的政府机构，特别是英国政府，都尽量避免让它的外交政策过多受到商业机构的影响。

1874 年，大北公司计划在福建省修建陆线电报，于是向丹麦国王建议任命丹麦前将军拉斯勒福为丹麦驻华公使，帮助公司争取更多权益。另外，大北公司很清楚清政府对西方国家一直采取温和的政治策略，于是公司老道地利用丹麦中立小国的特殊地位，有时依靠英国、有时依靠俄国，以获得更多、更直接的外交支持。当西方各国对开放中国市场和海外投资达成一致意见时，这个策略相当有用。但到 19 世纪末，西方各国之间的矛盾和殖民地的争夺日益加剧，这个策略的作用越来越小。尽管如此，大北公司还是在中国获得了成功，这有赖于公司的成功转型。福建电报失败后，大北公司放弃建立独立电报网络的计划，而是将自己定位成一家为电报总局提供技术服务和人员培训的公司。大北公司在获得首个官方允许的合作项目——津沪电报之后，又与电报总局签订了多份电报建设合同。

第二节　人才选择和引进

人力资本是技术转移过程中的重要因素之一，大北公司与电报总局自成立之日起就非常重视电报人才的引进和培养，但二者又存在较大区别。为了较好地分析各公司在人力资本方面的情况，暂且将电报人才简单分为高层管理者和工程技术人员两大类进行比较。

一、管理者的选择

大北公司所取得的成就主要归功于董事长铁德根和第一任经理史温生。

铁德根早年在曼彻斯特经商，丰富的商业经历使他具备了国际眼光和运用多国语言的能力。铁德根平时寡言少语且极少参加社交活动，但在处理商务的过程中却表现出惊人的才华。他是一位非常有经验的战略家，做出的多项决策都是成功的，特别是对中国市场的开发。另外，他能够游刃有余地处理与丹麦、英国、俄国和其他各国政府首脑的私人关系，这些关系对大北公司的发展非常重要。

1869 年，铁德根与俄国计划敷设海参崴—长崎—上海—香港海底电缆，目的是为西伯利亚陆线争取更多的通信量。这些通过西伯利亚陆线而获得的利润对维持大北公司的股票市值非常关键。因此，既能通过长崎又能通过香港到达欧洲的沪港海线，成为大北公司在中国建立电报网络的关键线路。另外，铁德根还计划在天津通商口岸修建另一条电报线路与沪港海线相连，这样大北公司就可以通过上海—天津电报线路与北京的使馆建立联系。1881 年 12 月，津沪电报的开通帮助铁德根实现了这一计划，让他没想到的是一年之后清政府便将电报由天津引入北京。另外，铁德根还计划在中国的其他通商口岸修建电报，如福州、广州和汉口。由于沪港海线并不完全属于大北公司，而是与大东公司合作修建的，铁德根更希望在中国南海岸线修建一条由上海至广州的陆线电报，并与香港相接。不过，这些陆线计划均未成功。在这种情况下，铁德根及时做出调整，专门为电报总局提供技术、设备和人力，这些足以证明他过人的商业才能。

史温生是大北公司第一任经理，在上海外滩 7 号的公司大楼内立有他的半身铜像，座下刻着"把电报传入中国的丹麦人"一行字。1961 年，大北公司大楼由中国政府接管，史温生的半身铜像被铲除。史温生的确是将电报技术传入中国的重要人物之一。

史温生，丹麦军人。1865—1868 年在法国海军服役，后来成为东亚海军探险队的一员；1869—1870 年成为拉斯勒福将军的副手，升为丹麦皇家海军准将。在拉斯勒福的介绍下进入大北公司。1870 年，随公司来到中国，直接参与香港—上海—长崎海线的筹划、敷设和开通工作。史温生在中国取得的最重要的成绩是使沪港海线在上海大戢山岛登陆，他个人也因此晋升为远东地区经理。1874 年，史温生因身体原因提前回国，开始担任总经理一职，直至 1908 年。1898—1915 年，担任公司董事长，后被推举为名誉董事长，直至 1921 年 9 月 21 日去世。[86]

与大北公司不同的是，洋务官员对官办、官督商办企业管理者的选择是通过幕府进行的。第一，幕府本身积聚了不少商业人才，如丁日昌、朱其昂、徐润等买办，他们均做过李鸿章的幕僚。洋务官员之所以选择买办作为新式企业的管理者是因为洋务企业普遍投资巨大、技术复杂、管理要求高，买办既具有筹资能力又具有管理能力。第二，晚清幕府的一些官员，在经过一段时间的洋务实践后，也逐渐掌握现代企业的管理知识，盛宣怀就是典型代表。第三，通过幕府人员与商界的广泛联系，为洋务企业引进人才。唐廷枢、郑观应等人都是经盛宣怀的介绍进入招商局、电报局工作的。李鸿章从事洋务运动的时间长，早期有影响力的官员企业家基本都出自他的幕府。

电报总局的前身是 1880 年 10 月在天津成立的津沪电报总局，当时由盛宣怀、郑藻如、刘君含 3 人任天津总局的总办，另有郑观应、谢家福、朱福春等人任各分局总办。虽然，他们大多出自李鸿章幕府，但又不完全相同，可大致分为两类。一类是买办出身的管理者（买办企业家），如郑观应、唐廷枢等；另一类是在从事洋务的过程中，积累了丰富的经验的非商人幕僚（官员企业家），如盛宣怀。[83]98

在买办企业家和官员企业家之间，李鸿章等洋务大臣更重视官员企业家。买办企业家更强调利润，而官员企业家能站在官府的角度上考虑问题，更有利于洋务大臣个人以及朝廷目标的实现[83]102。为调动这些幕僚企业家的积极性，他们通常会采用奖赏官职的办法。这些幕僚出身的企业家大多非仕途出身，他们能有机会活跃在晚清政治舞台上，其根本在于太平天国运动的发生和洋务运动的兴起。他们要想在与仕途出身的官员的竞争中取得优势，就必须做出一般人所不能做的大事情——办洋务，这是仕途出身官员不屑于做，对清政府来说又非常重要的事情。盛宣怀走的就是这样一条"办大事，做高官"的道路。

不可否认，盛宣怀是一位出色的洋务企业家，是晚清资本主义工商业的有力经营者，对中国资本主义的发生和发展做出过重要贡献。他在 1872 年参与创办了中国第一个洋务民用企业——轮船招商局，之后又主持创办了湖北煤铁开采总局、电报总局等工业企业。到1896年及以后的几年，他几乎独揽全国的铁路修筑权与煤铁矿的开采和冶炼。他认识到中国只有变贫穷为富强，变落后为先进，才能抵制西方侵略者的欺凌。因此，积极创办和经营洋务企业。他在攫取高额利润的同时，有"保利权分夺洋商之利"的经济思想。事实证明，他创办的企业确实起到赢利和与洋商争利的作用。除湖北煤厂以失败告终外，轮船、电报、矿业等多数企业是成功的。盛宣怀所主张的官督商办的企业经营方针也基本是正确的。"商办"为企业筹集资金，提高企业的经营管理水平；"官督"为企业提供保护，并在必要时给予一定的经济支持。

　　盛宣怀虽然是具有"官"、"商"两重特性的人，但"官"的身份居于主要地位。他一生追逐官位。李鸿章在1877年对他的教导："欲办大事，兼作高官。"[87]3盛宣怀在创办轮船、电报企业的同时，开始在省级统治集团中谋取职位。继1884年署天津海关道之后，很快在1886年得到山东登莱青道兼烟台海关监督的职务。1892年，调任天津海关道，直至1896年。1896年是盛宣怀大发迹的起点。这一年他担任与国民经济命脉密切相关的汉阳铁厂、铁路总公司、中国通商银行等企业的督办，被授予太常寺少卿和专折奏事特权。此后，盛宣怀的官阶扶摇直上，从大理寺少卿（1897）、宗仁府府臣（1900）、商务大臣（1901）、工部左侍郎（1902）、邮传部右侍郎（1908），做到邮传部尚书（1911）。

　　随着官阶的上升，盛宣怀的经商思想逐渐产生变化。由创办初期的重商发展到倾向于官，由民族性很强的资本家变成利用官府力量将轮船、电报、铁路、矿业、银行等关系国民经济命脉的企业联缀起来实行某种程度的垄断的官僚资本家。盛宣怀发生这种变化的根本原因在于，他做的是封建朝廷的高官，办的是资本主义大事。盛宣怀反对民主制度、主张维持封建制度。这种保守的政治态度与进步的经济实践之间的矛盾，终其生未能克服，是他的致命伤。[87]3

　　综上所述，盛宣怀是晚清官办企业家中的佼佼者，但不是真正的现代企业的领导者。

　　郑观应是电报总局中另一位出色的企业家，中国近代早期资产阶级改良派思想家、爱国民族工商业家。他精通近代企业的运作方式，具有缜密的思维、踏实的工作作风和丰富的企业管理经验。他一生经营洋务，1860年担任宝顺洋行买办，1878年参与洋务企业的创办并在其中担任要职，直到 1921 年逝世于轮船招商局董事任内。另外，他个人也投资兴办了不少贸易、金融、航运、工矿企业，并纳资捐得郎中、道员衔，与李鸿章、盛宣怀等洋务官员私交甚深。不仅如此，郑观应还将自己在实践中认识和体会到的企业发展规律总结出来，写成文章，其主要著作《盛世危言》对中国思想界产生过重大影响。他的功绩不仅在于卓有成效的经营实践，还在于有远见的发展民族经济的思想，这是同时代的其他企业家无法企及的。[88]69

郑观应的先祖原本居住在福建莆田，传至第九代时，举家由闽入粤，居于广东香山。广州和澳门自 18 世纪以来一直是中外贸易重地，两地从事对外贸易的商人非常多。鸦片战争后五口通商，民间商人可以直接与外商打交道、做买卖，或直接受雇于外商。在香山县，多数人家愿意把孩子培养成一个通晓英语的翻译或买办，这样就可以在洋人门下做事，获得好的收入。唐廷枢、徐润等晚清著名大买办都出自于此。郑观应早年投靠的叔父郑廷江也是一个买办，家乡的生存环境和职业取向对郑观应日后的人生道路产生了重大影响。

1859 年郑观应经人介绍进入上海宝顺洋行工作，第二年因出色的工作能力正式当上买办。1868 年，郑观应离开宝顺洋行。洋行 10 年时间是他学习商战的重要阶段。1867—1870 年，郑观应投资茶栈、轮船运输、盐业等领域。"和生祥茶栈"是他离开宝顺洋行后自己经营的第一个商行。1867年，他又与唐廷枢、郭甘章等人联合几个外国商人，创办"公正轮船公司"。该公司旗下只有两艘轮船，是个小型公司，郑、唐均为公司董事。由于业绩欠佳，经营几年后，公司于 1873 年歇业，但郑观应由此积累了宝贵的经营航运业的经验。1874 年是郑观应事业的转折点。他应聘太古轮船公司获得成功，双方签订一份三年合同。他常年奔走在长江沿岸和东南沿海，为公司建立了多家揽载行，保证了公司的客源和货源量。同时，他还采用新的营运模式提高出入货的效率、缩短船运周期，大大降低了运营成本。他凭着自己的勤劳和精明，与中外司事一起将太古轮船公司经营得有声有色，几年之后便打破了旗昌轮船公司在长江上的垄断地位。三年合同期满之后，公司又与郑观应续订一份五年合同。这时，郑观应在太古轮船公司的职务已经相当于总买办。在为太古轮船公司工作的同时，郑观应自己的商业投资也很活跃。他在多家公司占有股份，如盛宣怀创办的锦州煤矿公司、烟台采矿公司、缫丝公司、三姓金矿公司、朱翼甫开办的平泉金矿公司、唐景翁开办的建平金矿公司、徐雨翁开办的上海牛乳公司、徐秋畦开办的同文书局等。[88]35

在晚清企业人才严重匮乏的情况下，郑观应等买办成为洋务官员招募的对象。1878年，当郑观应还在太古轮船公司做总买办的时候，直隶总督李鸿章就委任他为上海机器织布局会办，与总办彭汝琮一起筹办上海机器织布局。不久，郑观应与彭汝琮发生矛盾，辞职离开。彭汝琮与接手承办的其他3位官员均是外行，织布局筹建一事万难进行。无奈之下，李鸿章又通过盛宣怀请回郑观应。1880年，李鸿章正式委派郑观应为织布局总办。

1880年，盛宣怀任津沪电报总局总办。他与郑藻茹等人向李鸿章举荐郑观应，让其驻沪协助照料验收代购材料、设备及分运各处事务。郑观应欣然答应，并表示在津沪电报建成之前不领薪水。1881年5月20日，李鸿章委札郑观应担任上海电报分局总办。虽然津沪电报当时以天津总局为枢纽，但上海分局为南路各局总汇，转运物资、联络洋人等事更为繁忙，其实际地位比天津更重要。1882年11月，津沪电报总局由天津迁至上海，改名"中国电报总局"，上海电报分局的地位更显重要。

郑观应在任职期间为中国电报建设做出了许多重要贡献。1881年，他改进威基谒的《电报新书》，组织编写了中国第一部官方的中文编码电报书——《中国电报新编》；编译中国第一部通信法规——《万国电报通例》，以应对国际谈判；翻译《测量浅说》作为电报学堂教材；撰写《论电报》等文章宣传和普及电报知识；协助盛宣怀与大北公司谈判，拆除吴淞陆线，禁止沪港海线在厦门登陆等等。

郑观应作为一名商人，他更看重电报的商业价值。1882年，他与盛宣怀等人联名禀请改津沪电报为官督商办，说服左宗棠修建长江电报，呈请闽浙等处修建电报，以利商务。在电报经营方面，郑观应建议选派学生出国，学习电报器材的制作工艺，自建工厂生产电报设备，以降低成本，减少报费，甚至期望能够通过电报设备的创新，提高电报总局的市场竞争力。他提出：

> "查电报费之贵于外国者，由于购外国材料兼用洋匠之故。既各省电线万不能少，必须陆续筹办，以便交通。所用水陆电线、机器、电气、磁碗、纸料日多，应即考选少年，普通中西文之学生，分别出洋学习制造机器、水陆电线、电气等法。一侯毕业，仍分赴外国制造厂学习一二年，然后返国自行设厂制造。不独可塞漏卮而所用材料价

廉，成本自然轻减，犹望精益求精或有独出心裁之新器胜于外国者也。"[73]1474

尽管，这些建议很正确也很重要，但却难以实现。朝廷创办电报的目的是"通消息以利军务"，且通过津沪线路的官报一律免费。因此，朝廷官员对报费高低并不重视。相反，选派学生出国学习、自建工厂，不仅增加财政负担，且周期较长、见效慢。

另外，郑观应还积极主张官本分离。他对盛宣怀在《电报局招商章程》中提到的"（官本）亦永存局"提出了异议。在给盛宣怀的信中，他表明：

> "愚见中国电报乃独市生意，招股不难，难于当道始终不变。虽目下所收电费入不敷出，将来风气日开，线路日多，获利必日厚。查外国电线、铁路均属如是。惟恐当道见其利日厚之时，动须报效免费之。官报愈多，稍不如意，即借端抑勒。中国尚无商律，亦无宪法。专制之下，各股东无如之何。"[73]1475

"当道始终不变"，"专制之下，各股东无如之何"，是郑观应对官督商办制度的深刻认识。他希望在归还所有官款后，朝廷能放弃对企业的管理，实现完全商办。很显然，这一想法与封建官僚的利益相抵触，企业改革必无结果。

1882年3月，与太古轮船公司合同期满，郑观应正式接受李鸿章的委札，出任轮船招商局帮办，同时把上海电报分局总办一职交于经元善。郑观应上任伊始，即拟"救弊大纲十六条"上呈李鸿章，从得人用人、职责相符、赏罚分明、增加盈利、降低消耗等方面对轮船招商局进行全面改革；对外为制止太古、怡和的削价竞争，郑观应与二公司交涉签订齐价合同。在他的经营管理下，轮船招商局的营业额和股票市值大幅提高。1883年10月，李鸿章提升他为轮船招商总局总办。

郑观应身为买办，多次受邀担任洋务企业要职。其主要原因，一是他既与洋行企业有广泛的联系，又同国内官绅、买办商人有密切往来；既了解外国最新机器技术水平和行情，又能在国内筹集资本。二是他有经营近代工商业的丰富经验。

不过好景不长，1883年资本主义经济危机波及上海，加之年底中法战争开战，上海多家钱庄、商号倒闭。郑观应投资的多家企业也未能幸免，上海织布局也出现严重亏空。郑观应的事业跌至谷底，他背负巨额债务，于 1884 年黯然离开轮船招商总局。1886—1890 年，他基本幽居澳门，这段时间也是他撰写《盛世危言》的主要时期。中法战争的经历让他逐渐认识到改革君主专制制度的重要性，为《盛世危言》的创作奠定了思想基础。《盛世危言》贯穿着"富强救国"的主题，指出了中国落后的原因，对政治、经济、军事、外交、文化诸方面的改革提出了方案。1894 年秋正式刊行，受到人们的极大关注，很快流传开来。

1891 年 4 月，郑观应在盛宣怀、唐廷枢、经元善等人的帮助下，谋到开平煤矿粤局总办一职，迈出他复出的第一步。1892 年，出任上海轮船招商总局帮办；1896 年 5 月，出任汉阳铁厂总办；1906 年，出任商办粤汉铁路公司总办。他重新回到自己熟悉的工商行业，发挥才干，大展身手。

盛宣怀、郑观应都是晚清出色的洋务企业家。比较而言，郑观应的官路几乎没有发展，而商路又较为曲折，这也正反映出买办企业家与官办企业家的区别。买办企业家只有在创办新企业或企业遇到危机后，才会被朝廷重用，且临危授命的情况居多。一旦危机解除，企业进入正常运营轨道后，他们大多会被调离，然后被派往下一个陷入危机的企业。郑观应由上海电报分局调往轮船招商总局的情况即是如此。另外，朝廷对这些买办企业家的重视和奖赏远远不及官办企业家。郑观应的一生除自己纳资捐得郎中、道员等官衔外，几乎没有得到其他更高的官职。这反映出洋务官员对买办企业家的不信任，同时也暴露出他们希望永远掌控洋务企业的企图。

盛、郑二人虽然在政治上见解相左——郑观应主张立宪民主制，而盛宣怀虽主张在经济上大变，但更谋求官职，对于政治变革是保守的[40]112。但他们是中国近代在办实业上配合最好、相知最深的企业家。他们相识于 19 世纪 70 年代的上海筹赈公所，继则在培养新式人才，发展新式教育事业，运用先进科学技术于工商企业，以及与洋商争利等方面有共同语言。两人共同创办了中国近代电报、钢铁、铁路、煤矿等企业。盛宣怀把郑观应视为洋务企业起死回生的能手、出类拔萃的企业奇才。郑观应则把振兴中国工商业的希望寄托在盛宣怀身上。遗憾的是，他们的愿望都未能实现。晚清封建制度和官办企业家的特性决定了洋务企业不能向现代企业方向转变。

二、技术人员的引入

电报工程的建设和业务经营与两个新的知识领域紧密联系在一起，一是电磁学原理，二是专业的编码和译码技术。西方国家通过大学、技术学校以及军事研究机构培养电学、电磁学等方面的专家。对于电报编码技术，几乎所有的电报公司都会设置自己的相关培训学校。

大北公司的技术专家主要毕业于一所由丹麦科学家奥斯特（H. C. Ørsted, 1777—1851）[1] 提议创办的技术学校，工程人员和电报操作员则由退伍军人和接受过现代教育的学生构成。为了宣传电报通信业务，大北公司经常招募一些刚刚毕业的大学生，多数学生在经过适当的培训后都能胜任报务员的工作。从另一个角度来看，好的工作岗位也利于增加学生学习现代科学的兴趣。而当时，在中国很少有人学习过西方的科学技术，也没有一所正规的电报技术学校。对于大多数中国人来说，他们没有建设本土电报网络的想法，单是教会他们如何使用电报就需要比丹麦学生更长的时间。即使是在开办电报之后，电报学堂也主要以培训报务员为主，仅有个别聪颖的学生会被送往大北公司学习专业的知识和技术。电报总局在引入技术专家、培养电报人才方面都依靠大北公司。

1869年，大北公司成立远东分公司，派驻海外的员工多是通过部队雇用的军人。这些员工一部分是来自军事研究机构的技术人员，一部分是承担线路建设工作的普通士兵。大北公司积极从军队雇人的主要原因有三个：

一是军事研究机构培养了大量专业的电报人才，这部分人掌握着当时最先进的电报通信技术。

二是大北公司与丹麦军队一直保持着较好的关系。1870—1871年间，大北公司在丹麦前任将军拉斯勒福的支持下，用护卫舰帮助公司在中国、日本敷设海底电缆。公司主要的技术顾问也都是丹麦军队中的前重要官员，如指挥官马德森（C. Madsen）、海军上校霍斯凯尔（Hoskiær）等。

三是大北公司进行海外扩张会遇到许多困难，需要有忍耐力、有组织纪律性的员工，而这正是一个普通士兵所具备的基本素质。1874—1875年间，大北公司在福建修建电报时就多次遭到当地百姓的阻扰，捣毁线路和伤人事件经常发生。在这种环境下工作是需要勇气和忍耐力的。但仍有一

---

[1] 奥斯特，著名的物理学家、化学家。1799年获得博士学位，1806年被聘为哥本哈根大学物理学、化学教授，研究电流和声等课题，1815年起任丹麦皇家学会常务秘书。1820年因发现电流磁效应获英国皇家学会科普利奖章。1824年倡议建立丹麦自然科学促进会，1829年出任哥本哈根理工学院院长，直到1851年3月9日在哥本哈根逝世。

些员工最后还是选择了离开公司，如电工霍夫梅尔（V. Hoffmeier）等。

　　除军人之外，大北公司也雇用年轻的大学毕业生。他们大多是渴望到海外工作的年轻人，对古老的东方文化充满幻想。不过，中国对这些年轻毕业生的吸引力在20世纪到来时开始减弱，但仍是这些年轻人来华工作的主要动力。

　　恒宁生是少数几个在中、丹两边都能很好工作的大北公司员工。1869年，恒宁生从哥本哈根大学法学院毕业，经过培训后成为大北公司的一名报务员。1871年，被公司派往上海工作。1874年，代表大北公司与福建通商局就福厦电报进行谈判，随后成为福州站的负责人。1881年，他说服李鸿章批准大北公司"禀帖"。1882年，因修建津沪电报有功，获清政府四等宝星嘉奖。1885年，升为远东分公司经理，定居上海。

　　像恒宁生这样幸运的员工并不多。由于艰苦的工作环境，不少员工最后选择了离开大北公司。他们有的去了英、美等国的电报公司，有的来到电报总局工作，博怡生就是其中之一。博怡生是大北公司派往中国的首批工程师之一，他在1874—1876年的福厦电报建设中遭到中国官民的殴打，于是辞去大北公司的工作加入电报总局，并在电报总局担任首席工程师多年，在工程建设、人才培养、章程拟定等方面都做出了重要贡献。

　　为了防止员工中途辞职，大北公司后来要求每位应聘者签订至少6年以上的海外工作合同，并且在这6年中不能结婚。尽管公司也经常提供优厚的待遇，但很少有员工能过得很奢侈。在最初的几年中，大北公司员工经常开玩笑地说，公司一直在精神上鼓励他们"为丹麦争荣誉"而工作，而不是物质条件。相比之下，电报总局给予这些丹麦员工的待遇要好得多，这也是很多丹麦员工离开大北公司的原因之一。

　　对电报总局来说，除用高薪聘请主动离职的大北公司员工外，重要技术人员的引入还需依靠大北公司的推荐。1881年，津沪电报线开工，大北公司向津沪电报总局推荐了8名洋教习，监督和指导各段的工程建设。此后，中国电报线路建设逐步展开，电报总局采用分段划分的方式，将洋匠分派至各重要电局，从事技术指导和局务管理等各项工作。1880年创办的天津电报学堂和1882年成立的上海电报学堂扮演了类似大北公司培训基地的角色，向各电报局输入了大量的报务员。另外，电报总局也雇用大量弁兵修建电报线路，他们的工作效率远远高于普通乡民。

　　可以看出，与大北公司相比，电报总局缺少的主要是掌握核心技术的工程技术人员。丹麦的军事研究机构和技术大学为大北公司培养了大批的技术人才，而晚清中国因缺少这样的教育机构，只能被动地接受大北公司推荐的工程师。

第三节　核心技术与创新

近现代世界各国经济发展的成功经验表明，企业的发展有赖于科技力量对企业的全面渗透。大北公司的成功除与高素质的领导层、政府的支持和准确的市场定位有关外，更重要的是公司拥有设备生产和工程建设的核心技术，并不断进行技术创新。电报总局作为一家通信企业，始终未能向制造领域发展，主要是受到晚清整体工业水平低、技术人才缺乏等因素的影响。随着中国电报事业的不断扩大，对莫尔斯电报机和其他一些电报器材的需求也不断增大，清政府在1900年前后，开始创办电报器材厂，仿造莫尔斯电报机和其他附件，但未有任何技术上的创新。与此相反，在中文编码方面却获得了成功。

一、硬件设备

大北公司的技术来自19世纪后半叶成立的国际技术协会。19世纪全球经济高速增长，不仅是自由贸易盛行的时期，也是现代科学技术自由分享的时代。科学家和工程师一起交流和分享电报技术，推动电报的普及和发展。很多年轻人通过自学就能掌握基本的电报操作和维护的知识，之后很快就会被电报公司雇用。这也是19世纪欧洲出现多家电报机构的原因之一。

另外，电报通信的特殊性也决定了电报技术的共享性。电报公司作为一个公共服务机构，规模经济的重要性远远高于其他行业。为了争取更多顾客，电报公司需要扩展网络，与其他国内、国际电报网络相连接，电报技术的国际化显得尤为重要。为此，一些电报技术机构主动向社会发放详细介绍电报理论和操作知识的公众手册，创办专业杂志介绍最新的技术。在这样一个全球知识共享的大环境下，大北公司工程师很快掌握了敷设和操作海底电缆的技术，帮助公司迅速打开了海外市场。

国际电报通信是大北公司的主要业务，海底电缆的线路越多、网络越大，对控制国际电报价格越有利，甚至可以决定与之相连接的其他国家的电报价格。因此，大北公司一刻也没有停止对电缆技术的研究和创新。由于英国垄断制造电缆的主要原材料古塔胶，大北公司最初的电缆全部购置于英国制造商。后来，随着材料的改进，大北公司逐渐转为自主生产。

电报公司的主要利润增长点是不断扩大的业务量。在经营初期，扩展网络是其主要手段，而当电报网络趋于饱和之后，通信效率成为决定公司竞争力的重要因素。大北公司在不断改进电缆技术的同时，也开始研究和制造新的电报收发设备。20 世纪初期，韦斯登电报机成为主流机型，并很快取代莫尔斯电报机。根据大北公司 1912 年的产品宣传手册可知，公司当时已经能够生产韦斯登电报机。[89]

大北公司生产的韦斯登终端设备包括：韦斯登打孔器（图 6-1）、韦斯登发报机、自动复写器、韦斯登收报机、电键（图 6-2）等附件。

图 6-1　韦斯登打孔器

图 6-2　电键

韦斯登发报机有多种不同类型，根据发送速率的不同，大致分为慢机和快机两种。图 6-3 左边为慢机，该机型每分钟最多可发送 200 个字符；右边为快机，该机型每分钟最多可发送 400 个字符。

与发报机对应的是收报机，韦斯登收报机同样分为慢机和快机两种。图 6-4 左边为慢机，该机型每分钟最多可收到 200 个字符；右边为快机，该机型每分钟最多可收到 400 个字符。

图 6-3　韦斯登发报机

图 6-4　韦斯登收报机①

除韦斯登终端设备之外，大北公司还生产韦斯登转发器、莫尔斯信号灯、电流保护器、转换开关、电阻、电容等附件。20 世纪初，大北公司开始通过慎昌洋行向清政府出售其自主研发的新型电报设备。[90]

技术转移的接受国要想在短时间内赶超输出国，必须进行有效的消化吸收与创新。一是学习，引进先进设备和专有技术。二是创新，培养技术人才，在消化吸收的基础上有所创新。电报总局在设备生产方面没有任何创新，只是在技术引进上有所作为。1864 年，李鸿章在创办招商局时提出："须以广购机器为第一义，精求洋匠为第二义。"[91]这也是创办洋务企业引进国外先进技术的方针。

清政府通过雇用大北公司工程师、购买国外设备建设中国电报网络其

① 图 6-1、图 6-2、图 6-3、图 6-4 均引自大北档案（秘 900）。

中弊端颇多。第一，过度依赖外国专家。聘用外国专家费用高，导致产品成本增加；选任不当，一流的人才不多，滥竽充数的不少。第二，设备引进过程中易遭受欺诈。如果一直不能解决材料设备的生产问题，会增加购买价高质次产品的风险。洋务运动时期，清政府从西方国家购置机器设备，就多次发生过上当受骗的事情。第三，不利于国家安全。军工、铁路、电报等洋务企业与国家利益紧密相关，如果核心技术被外国公司长期垄断，一旦国际关系发生重大变动，国家安全将受到威胁。1900 年，八国联军入侵，多条电报线路遭到破坏。大北、大东公司趁虚而入，以修补线路为借口，强占了几乎所有重要的电报线路。

改变这一现状的主要办法是培养人才、掌握技术、努力创新。电报总局虽然通过电报学堂培养了大量报务员，并接替洋匠独立管理各电报分局，但对技术人才的培养远远不够。一个工程应该有通晓理论的专家和熟悉业务的工程师及技工，理论是技术创新的根本。另外，电线、电缆等电报器材的生产制造需要采矿、冶金、铸造、金属加工等多种技术的配合，各种人才缺一不可。受到晚清整体工业水平的限制，各方面工艺水平均达不到电器生产的要求。这也是电报总局未能实现技术创新的重要原因之一。

二、编码技术

在电报建设中，需要的是硬件设备和工程技术，而在电报运营系统中，中文编码技术则显得更加重要。大北公司在中国成功的另一个重要原因是《电报新书》的出版。中文编码问题再次说明在技术转移过程中，调整原始技术以适应输入国本土环境的重要性。大北公司通过设计中文编码为中文传输创造条件，确保了公司在晚清电报技术转移过程中的领先地位。

同样，朝廷也很重视对中文编码的研究。电报总局在编码技术上获得成功的主要原因一是业务的需要；二是对中文的熟悉；三是受整体工业水平的影响较小。

晚清最早研究中文编码的华人是同文馆学生张德彝。1870 年，他随崇厚出访法国，在这期间受到威基谒编码的启发，编写了《电信新法》。不过，这本书的发行量并不大，仅供驻外使馆内部使用。另一个关注中文发报问题的华人是商人王承荣。1871 年，沪港海线开通，王承荣即意识到中文发报的困难，便与福建人王斌、江苏人李镛一起设计中文发报机。遗憾的是，当时朝廷并无意修建电报，这种新型中文电报机未能投入生产。

官方对中文编码进行研究是在津沪电报开工之后。1881年，郑观应组织编纂新的电码书《中国电报新编》，主要目的是为津沪电报做宣传，争取更多的使用者，提高津沪电报的业务量。该书在津沪电报正式营业之日起在各大电报局发售，从此成为中国电报总局的官方电报书。另一方面，传递军报仍是中国电报建设的主要目的。为保证通信安全，中文编码尤为重要。1877年，丁日昌主持修建台湾电报，提到："将来仍拟将洋字改译汉字，约得万字，可货价之用，然后我用我法，遇有紧急机务，不致泄露。"李鸿章在《请设津沪折》中也提到："从前传递电信，独用洋字，必待翻译而知，今已改用华文，较前更便。如传秘密要事，另立暗号，即经理电线者亦不能知，断无漏泄之虑。"

可见，提高发报效率和增加保密功能是朝廷设计中文编码的主要动因。

另外，中国人对汉字结构非常熟悉，所以设计中文编码在技术上不存在太大的困难。随着电报使用者的增多，使用范围的扩大，电报总局对1881年版《中国电报新编》进行多次改版，发行量也日益增多。1924年，《电报新书》因收字比《中国电报新编》少，导致各省电报局屡次发生投送困难等情况，被大北公司弃用。

《中国电报新编》虽然是根据大北公司的《电报新书》改编而成，却是朝廷完全掌握、不受大北公司控制的唯一电报技术，并在50年后完全取代了大北公司的中文编码书。编码技术和硬件技术对现代科学技术依赖程度的不同，决定了两种技术在创新上的巨大差别。研究编码技术不需要工业技术的支持。

结　语

综观各章，我们可以对晚清电报技术转移做出如下概括和总结。

一、电报技术转移的促进因素

首先，欧洲殖民扩张、清政府对电报通信的需求、督抚权利的扩张等因素推动了晚清电报技术的转移。

1. 电报技术与欧洲殖民扩张

19 世纪 20 年代电磁电报的发明和 40 年代莫尔斯电码的设计，使电报技术得到实际应用。随着欧洲殖民扩张和自由贸易的兴起，国际信息交流日益频繁，为现代通信服务业提供了广阔市场。大西洋海底电缆的成功证实电缆技术在经济和技术上具备可行性，也为建设国际电报网络提供了技术保障。

19 世纪全球电报网络的扩展规律是，由国内到国外，由宗主国到殖民地。地中海地区作为英国重要的殖民利益中心，从 19 世纪 60 年代开始成为英国电缆公司投资的中心。电报通信为殖民地贸易提供了大量商业信息，反过来殖民地信息量的增长又促进电报网络的扩展。在这样的背景下，电报线路成为网络运营商竞争的关键，整个世界成为他们争夺的市场。

19 世纪 60 年代末，世界电报建设开始由西向东扩展。随着两次鸦片战争战败，通商口岸开放，传统经济结构在东南沿海地区逐步解体，中国日益成为西方资本主义的商品市场和原料的供给地。中国通信市场的广阔前景吸引着西方电报公司由西向东扩张。19 世纪 60 年代，各国大使纷纷向总理衙门请设电报。1870—1872 年，大北公司在英、俄政府的支持下，敷设沪港海线。该线开通不久，即获得了两地商人和少数洋务派的认可。

2. 政府需求与技术引进

清政府在军事方面的需求推动了技术转移。19 世纪 60 年代，清政府对电报通信的需求几乎为零，对电报建设的态度是全面禁止。进入 70 年代，由于边防、海防多次受到威胁，电报在军事上的价值引起清政府的注意，电报技术开始传入中国，但仍未能获得快速发展的机会。主要因为当时电报所显现出来的商业价值不是清廷所需要的，而修建福建电报的机会又随着战事的平息转瞬即逝。

1881 年，中俄伊犁战争爆发，李鸿章从外交、国防的需要出发，奏请修建津沪电报。1883 年，中法战争爆发，电报在军事上的作用日益显现，全国各省开始大规模修建电报线路。自此，电报在军事上的作用被清廷完全接受，中国电报事业进入大发展阶段。

电报线路的全面建设，带动了电报器材市场的繁荣。电报技术转移很快开始从运营层面转向尝试生产制造器材。商人是最敏锐的市场发现者。早在 19 世纪 70 年代，华商王承荣就在法国研制中文电报机，并多次致函总理衙门，提议修建电报。可以说，他是最早支持电报制造技术转移的中国人之一。遗憾的是，王承荣的发明与其他电报技术一样，未获得朝廷的认可。进入 19 世纪 80 年代，部分华商很快意识到电报这一新兴市场可能带来巨大商机，他们开始建厂仿制莫尔斯电报机。

1900 年，中国境内出现了几家官办的电报器材厂，其中以上海电报机器厂最为成功，但它主要是仿造莫尔斯电报机和配件。清政府通过创办电报器材厂，降低对洋器材的依赖程度，从洋商手中夺回部分器材利润，并且可以将这部分利润通过降低报费的形式，转让给电报使用者，以增加中国电报的竞争力。

可见，技术输出方、接收方的需求决定着技术转移发生的时机；双方对技术的需求程度又决定了技术转移的深度。

3. 督抚权力与官方支持

督抚权力的扩张为电报建设提供了重要支持。清朝高度集权的中央体制是典型的金字塔结构，清帝处于金字塔的顶端，督抚处于金字塔的中上层次。为防止督抚权力过大，皇帝通过对督抚的任用黜逐和奏折制度牢牢地控制权力，以维持整个中央集权机构的平衡。从 19 世纪 50 年代开始，中央与督抚间的这种权力平衡被打破，契机是太平天国运动，其结果是朝廷不得不将部分权力下放给地方，首先是财权，其次是军权，从而使督抚权力扩张。

　　鸦片战争之后，沿海及通商口岸城市的社会经济结构发生了重大变化，原有的政治体制不再适应社会的发展。清政府于 1861 年设置总理衙门专门处理对外事务。之后，又设置南北洋通商大臣管理通商口岸事务，并由两江和直隶总督兼任。随着督抚权力的扩大，办理对外交涉的权利逐渐落入督抚之手。曾国藩、李鸿章、左宗棠等主张改革的督抚大臣，在一定程度上推进了晚清洋务运动的进程，并使其呈现出各省自行办理的特点。

　　19 世纪 80 年代，中国修建电报的时机成熟，直隶总督兼北洋通商大臣李鸿章成为晚清电报建设的主要领导者。1880—1890 年间，李鸿章推动修建了津沪等多条电报干线，建立了全国电报网络。其实，早在 15 年前，身为江苏巡抚的李鸿章就有了修建电报的想法，但在当时全面禁止电报的大环境下，他的提议没有获得批准。

　　洋务官员还在经济上为电报建设提供支持。电报总局从官方借款和津贴中获益颇多。例如，1882 年中国电报总局借李鸿章淮军军饷 17.87 万两，1885 年又从四川借得 10 万两，从湖北借得 5 万两，1888 年再次从河南借得 2 万两，几次借款总计 34.87 万两，合计 46.49 万两。

　　如果说督抚大臣的权力是决定洋务事业是否开展的重要因素，那么督抚大臣的能力和态度则是决定电报建设成功与否的关键因素。1874 年，清廷允许在福建省修建电报线，闽浙总督李鹤年借机擅自批准大北公司修建马尾电报。之后，又在福厦电报的建设过程中收受大北公司贿赂，并几次绕过总理衙门随意签订和更改合同，致使整个工程失败。这次失误不仅造成经济上的巨大损失，更是将中国开展电报事业的时间推迟了 5 年之久。1880 年，中国电报工程重新启动，津沪电报在李鸿章的支持和盛宣怀的经营下获得巨大成功。

　　4. 本土文化影响的削弱

　　西方科学技术向中国传入，几乎都会遭到晚清保守官员和普通百姓的误解甚至阻扰，"风水"是他们担心的主要问题之一。这里，中国传统文化构成了对西方科学技术的阻碍因素。

　　1867 年，《纽约时报》刊登了一篇名为《铁路和电报有望在清国出现》的文章，报道了清政府正为敷设电报、修建铁路争论不休的情况。文中还引用了一位美国绅士的一段话，他对当时的情况是这样评价的：

　　"我可以说，大清国这条线路在地理地貌上没有任何非常特别的
地方能比那些多山崎岖的国家在铁路修筑工程上会遇到更多的困难。
实施这样一项伟大工程的最大障碍只能是清国人民对所有外国人所抱
持的敌意，以及他们自己的迷信思想。"[92]

　　这里的"迷信思想"指的就是风水问题。被西方人称为"伟大工程"
的铁路建设，在国人看来是破坏国家风水，影响农业种植，导致洪涝灾害
的根源。他们对电报的早期认识也是如此。同时，这位美国绅士也指出早
期中国人对西方铁路、电报等技术的抵制，与清政府对西方人的敌意和不
信任有关，而且这个原因对技术转移的影响要远大于风水。对于这点，还
可以从利富洋行英商雷诺给英国驻上海领事麦华陀的信中看到。

　　1865年5月，利富洋行英商雷诺在上海浦东小岬与黄浦江口间架设了
一条长约39里的电报线路，地方官员协同乡民于夜间将电线杆全部拔去。
清廷以"有碍风水农田，百姓无故暴病死亡"等为由拒绝英领事提出的赔
偿要求。11年后，雷诺在给英国驻上海领事麦华陀的信中提到了此事：

　　"我竖完三百根木杆，并未发生农民告领事馆或对我有任何异议。
所有工人我只雇立杆地方的当地居民。当然对他们的人身或者财务，
均无损害，否则中国人必致很快起而反对。然而，未有任何预兆，全
部木杆在一夜之内全部砍倒并窃去。……对于这个问题所来往的信，
现已成为历史文件，其中特别是丁道台的覆信，第一次揭露了
风水。"[93]

　　由此可知，风水问题只是电报技术在传入过程中遇到的一个较小障
碍，似乎并不是影响电报技术转移的根本原因，普通百姓也不是阻碍电报
建设的主要力量。风水的影响弱于利益等因素。随着通信需求的扩大，本
土文化对技术传入的阻碍正在逐渐削弱。

　　5. 大北公司策略的成功

　　鸦片战争之后，中外关系发生了巨大变化。清政府对西方国家采取忍
让妥协的外交政策。西方各国纷纷在华设置使馆，利用外交优势在中国进
行经济、政治、贸易等活动，有时甚至会联合起来胁迫清廷，以达目的。

　　中国发展电报事业，需要西方电报公司提供技术支持，但电报技术与
国家主权紧密相连。清廷最终选择与大北电报公司合作，尽量避开英、俄
等大国。大北公司秉承丹麦中立国的传统，利用丹麦公司在中国的良好印
象，在众多西方电报公司中脱颖而出，成为电报总局的长期合作伙伴。19

世纪 80—90 年代，大北公司与电报总局签订了几乎所有的电报建设合同。

事实上，大北公司与电报总局合作之前，已经建立起一个高效的政府关系网络。它直接资助丹麦政府向中国派驻大使，帮助公司争取更多权利。1870 年，大北公司为沪港海线争取登陆权，建议丹麦政府向中国派驻外交官，推荐内臣司格（公司董事会成员）担任驻华大使。1874 年，为解决福建电报问题，公司推荐丹麦将军拉斯勒福接任司格，担任第二任驻华大使。拉斯勒福也是晚清最后一任丹麦籍驻华大使。

与此同时，大北公司还与其他西方大国保持密切联系。英、俄等西方国家看重丹麦中立小国的身份，给予丹麦政治上的支持。在很多情况下，大北公司的利益与其他西方国家紧密相连，特别是英国和俄国。英国是大北公司商业资本的主要来源，而俄国决定着大北公司在与西伯利亚电报相接线路上的价格。大北公司利用与俄国皇室的特殊关系，成功向远东扩张。沪港海线的敷设和远东分公司的成立就是双方合作的成果。

大北公司与电报总局能够保持长期合作关系的另一个重要原因是，在中国官员眼中丹麦是一个友好的国家，它对帝国主义扩张没有兴趣；在丹麦人眼中中国是具有典型东方文明的国家，它吸引了很多丹麦年轻人到中国通商口岸工作。

一位丹麦学者这样评价丹麦人在中国成功的秘诀，他说：

> "丹麦人能够在中国站住脚不是巧合。他们一直具备与中国人友好相处的特殊的能力。他们给了中国人很多尊敬，这些对于这个古老传统国家的人们是很适当的。中国人欣赏他们仁慈个性、平和的态度和令人愉快的精神。"[94]

大北公司在晚清电报技术转移过程中扮演这样一种特殊角色，受到很多因素影响。公司在中国的经济扩张过程中，在很多方面类似于现代的国际合作。

二、电报技术转移的阻碍因素

晚清电报技术转移是各种社会因素相互作用的结果，既有促进因素，又有制约因素。电报技术转移在深度和广度上受到了政治与经济等因素的限制。

1. 督抚权利过大，影响电报建设整体布局

督抚权力过大也存在弊端，即弱化中央机构的规划与影响力，不利于电报建设的统一管理。晚清电报建设以军事为第一要务，各省督抚为巩固

和扩大自己的地方势力，牢牢控制着本地电报线路。虽然中国电报局是全国电报建设的最高管理机构，但重要电报干线的建设仍由各省大臣决定。1882年，津沪电报开通后不久，盛宣怀与郑观应、经元善策划修建闽浙、沪汉、鄂豫等电报线路，计划与津沪线相连，而后逐步向北和边远地区推广。但当他们将修建长江、闽浙电报线路的计划呈请当地督抚批准时，却遇到阻力，特别是两江总督左宗棠的阻挠。左宗棠在郑、经等人的呈文上批到：

> "电线为商贾探访市价所需，实则贸易之获利与否，亦不系乎电线。至军国大计或得或失，尤与侦报迟速无关……本爵阁督大臣预闻兵事三十年，师行十五省，不知电线为何物，而亦未尝失机，则又现存证实。"[95]52

"不知电线为何物"不是一向重视学习西方技术的左宗棠的正常表现，这样的批示不过是一种借口。事实上，左宗棠也在谋划修建长江线，但为了保全自己的势力，他想让湘系集团中长期办理洋务的胡光墉来负责长江线，而不是交给李鸿章的淮系集团。谢家福称，在他和郑观应一起向左宗棠提出设立长江电线之前，胡光墉已与盛康谈到他要独资修建长江线，并声言："不愿合偷一只牛，情愿独偷一只狗。"[95]53

这里的"牛"指的是津沪电报股份，也就是说长江线之利要由湘系独占，淮系不得染指。在湘、淮派系斗争中，郑观应似乎是一个不偏不倚的买办商人。他通过左宗棠的左右手王之春说服左宗棠，缓和同胡光墉之间的矛盾，不仅获准修建长江线，还得到左宗棠"襄办长江电报事宜"的委札。因与李鸿章、盛宣怀淮系之间的矛盾，开明的左宗棠在长江线的建设上装扮出顽固守旧的角色。

可见，创办晚清电报大事，不仅要与守旧者斗争，还要缓解派系之间的矛盾。一旦出现各自为阵的局面，就会破坏电报建设的整体性，限制电报事业的发展。

2. 官督商办制度逐渐限制电报发展

官督商办制度采用股份制的方式集中分散资本，为民间资本投资近代工业提供条件，也是洋务企业克服官办弊端的选择。另外，在中国投资新式产业风气未开的情况下，由官府出面协助创办，可以为商人经营提供保护，实现官商互利。事实证明，官督商办制度在中国近代化过程中至少起到两个积极作用：第一，促进了一批近代意义上的大中型企业的诞生；第二，起到开风气之先的作用，促进了更多民用工业的诞生。

官督商办企业的一个显著特征是，它们的所在地是省级地方权力强大的地方，即前面提到的督抚权力扩大的结果。因权威的省级领导者的创始而产生，总督李鸿章是他们的突出榜样。在李鸿章的监督下，盛宣怀在1881—1882年创办电报总局，在通商口岸征集商业资本，采用官督商办的方式管理和经营中国电报事业。洋务官员通过这种不完全的商业形式，证明在中国经营电报是有商业价值的。当然，本书还关注官督商办制度对新式企业发展的束缚。

晚清官督商办的特点在于：第一，在投资关系上，商股未凑齐以前，先由官本垫入，以后再逐步归还。第二，在权力的划分上，由官总其大纲。电报总局在地方官府的保护下，必须付给官方资本类似旧式高利贷一样的利息。电报总局的这种利息是通过官报免费的方式支付的。另外，为控制电报总局，电报局的官员多由政府指派，其官衔或者由更高的官员推荐，或者买来。管理人员良莠不齐、职责不清、官僚风气严重，成为制约新式工商企业发展的主要因素。

19世纪80年代以后，资本主义经济在清朝一些地方不断发展，官督商办制度的弊端愈加明显。根据亚当·斯密（Adam Smith）[1] 的自由主义经济理论，在这种情况下，国家干预应适时地退出微观经济领域，而向宏观调控的方向转变。但清廷为保障军工企业的发展，维护中央的统治地位，一般会给予官督商办企业行业垄断权，以排除同类企业之间的竞争。例如，盛宣怀在《详定大略章程二十条》中提出，"应准其（商人）永远承办"；在《电报局变通章程》中提出，"沪、汉、浙商现议添设枝线，如果兴办，应令并归津沪干线一局办理，不得另分门户。"很显然，清廷同意了盛宣怀的请求。由津沪电报总局统一管理津沪电报，并承担日后其他电报线路的建设工作。盛宣怀为津沪电报总局争取到的这种垄断特权，既是保障电报总局获利的重要因素，也是制约其发展的绊脚石。

电报总局自创办以来，除1882年为阻止大东公司敷设香港—广州海底电缆而成立的华合公司，国内几乎没有成立其他电报公司。电报总局垄断晚清电报市场达20年之久，直至收归国有。电报总局逐渐变成政府和官僚投资者的提款机，中国电报事业日益陷入停滞不振甚至萎缩的境地。

---

[1] 亚当·斯密（1723—1790），苏格兰人，经济学鼻祖，著有《国家康富的性质和原因的研究》（简称《国富论》）。

资本主义经济是在竞争中逐渐发展起来的，自由竞争是企业进行技术创新、完善经营理念和提高生产率的推动力。从这个意义上来说，官督商办制度并不具有发展生产关系、促进社会经济进步的作用，反而从根本上制约了洋务企业的发展。

3. 工业与教育水平制约技术创新

晚清的工业与教育水平也是限制中国电报事业发展的关键因素，两者相结合成为决定电报技术消化和吸收的重要基础。

电报作为通信服务行业，在创办初期对技术的依赖性要弱于其他行业。网络规模是决定其获取利润多少的关键，而网络建设又与国家主权紧密联系在一起，电报建设必须获得所在国家的许可。清朝虽不具备自建电报的能力，但却拥有国家的通信主权，掌握着在国内修建陆线电报的权利。大北公司进入中国之初，运用了各种手段争取在中国修建并自主经营电报线路的机会，但均未成功。从长远看，当整个国内网络建成并与国际网络相连接后，技术的重要性就逐渐突显出来，传送速率的快慢会直接影响到电报的经营状况。然而，电报总局对技术和设备的更新并不积极，比较短视。自津沪电报创办以来，各电报分局一直使用的是莫尔斯发报机。直至1901年，上海电报局才率先使用韦斯登电报机，且仅在津沪、沪汉线上使用。而当年，同样需要从国外（英国）进口电缆等设备敷设沪港海线的大北公司，在20世纪初已经完成了厂房建设，自主研发电线、电缆和电报机等设备。

电报总局这种停滞不前的保守状态，除与自身对产品更新必要性的认识不够以及各方敛财导致资金不足有关外，还与当时的工业和教育水平有关。落后的工业水平达不到新式设备生产的要求。制造和生产电线、电缆需要专业的金属加工技术和加工设备。电线、电缆的主要原材料是铜和橡胶，提炼高纯度的铜需要掌握矿井勘探、开采和金属冶炼等先进技术，橡胶的生产需要化工业的支持。这些都是晚清工业水平不能达到的。晚清电报制造产业发展缓慢还与朝廷对设备生产的重视程度有关。制造轮船、大炮以抵御外敌侵略，是洋务官员最为重视并且优先考虑的事情。华商即使掌握了电线制造技术，也没有实力建设一个具有现代化工业水平的金属冶炼厂和金属加工厂。

另外，教育和培训力度不够也是影响电报技术转移的因素。以天津电报学堂为例，创办该学堂的初衷是为津沪电报各局培养报务员、维修工和管理者。最初的课程以电报使用知识为主，如莫尔斯电码和电学工程，另有基础自然科学、数学和西文等课程，但这些基础课程的教授时间都不长。一般学员在掌握发报技术之后，即被派往各电报分局工作，不再继续学习。天津电报学堂没有向外派送学员继续深造，仅是挑选出少数优秀的学生送往大北公司电报房，学习线路勘测、安装、维护等知识。

专业人才的缺乏不仅出现在电报总局，其他洋务企业也存在同样的问题。这些问题的产生与缺少高等教育机构有关。尽管晚清社会出现过一批新式学校，它们在传播西学方面发挥了重要作用，但仍存在以下问题：第一，生源数量较少，且不稳定；第二，教学周期短，且深度有限；第三，以实用性为主，基础理论学习不足；第四，学生毕业后，从事技术研究的不多。在这种情况下，能够完成系统的西方科学理论知识课程的学生非常有限，而这些理论知识是日后继续深造的基础。事实证明，晚清取得重大成绩的工程师，以留美幼童居多。因此，要想解决专业人才不足、创新能力薄弱等问题，最好的途径是改变传统社会对科学技术的看法，创办新式教育机构。

落后的教育无力支撑晚清工业的发展，落后的工业水平达不到新式设备生产的要求。电报总局与许多洋务军工企业一样，始终未能解决工业制造的问题。

三、电报技术转移的特征与模式

1. 技术转移是双方需求碰撞的结果

从中西双方对电报通信的需求来看，西方电报公司为开拓东亚通信市场，由西向东转移电报技术，西方电报公司和驻外大使是技术的输入方。19世纪60年代，各国驻华大使首次向总理衙门提出设线请求。在多次诱导、反复交涉失败后，西方电报公司开始在租界等地擅自修建电报线路。大北公司在这一时期成功敷设了沪港海线，并使该线在上海登陆。

租界电报和沪港海线的开通使得国人与电报的接触日渐频繁，电报的迅速、准确和便利改变了部分洋务官员的看法。从事进出口贸易的商人通过电报传递商业信息获利颇丰，成为电报建设的主要支持者。江南制造局开始翻译电磁学等科学书籍。电报通信逐渐获得社会的肯定。

清廷对电报技术的需求始于1874年。清廷因军事需求批准修建福建电报，随后又因中日战事的平息而停办。此时，电报的商业价值并非清廷所需，电报事业未获得快速发展的机会。1880年，伊犁事件导致清廷对电报的军事需求激增，中西双方的需求在此时获得统一，官方支持的技术转移正式开始。

2. 技术转移经历着适应和本土化的过程

在电报总局与大北公司合作期间，电报技术转移经过了一个适应和本土化的过程。作为技术的输入方，大北公司设计了中文编码，解决了中文发报问题。同时，大北公司还向清朝输入架线技术。清朝官兵通过边做边学的方式基本掌握了插杆、接线等工程技术。作为技术接收方，电报总局聘请大北工程师修建线路，创办电报学堂培养电报操作者和技术工匠，设置电局经营管理电报线路。另外，津沪电报总局为了方便和鼓励华人使用电报，编撰了新的中文编码书——《中国电报新编》。

津沪电报之后，全国开始大规模修建电报线路。电报技术转移进入本土化阶段，主要体现在人才培养和经营管理两方面。电报学堂在培养报务员的同时，也开始培养电报工程师。少数优秀的学生被送往大北公司继续学习。电报总局由完全官办改组为官督商办，在"商"的指导下引入西方管理知识，在传统与现代化之间寻求适合的经营方式。

中国电报市场的兴盛，增加了对电报器材的需求，一些电报制造技术开始传入。首先，部分华商建厂仿制莫尔斯电报机。不久，官办电报制造厂建立。由于晚清工业和制造水平薄弱、官商资本短缺，商办和官办电报制造厂规模很小，且都以仿造为主。

3. 晚清经济和政治制度决定了技术转移的方向和程度

电报总局作为电报运营商是成功的，它能够独立经营和管理全国电报线路，却始终未能掌握相关的电报制造技术。从技术角度来看，主要是因为工业弱小，不能装备电报等新兴产业。从深层次来讲，晚清电报技术未能完成制造技术转移的主要原因，还是传统经济与新技术之间的矛盾。

传统经济不能提供新技术发展和创新所需要的自由经济环境。官督商办企业具有部分"商"的特征，但因为缺少自由经济的大环境，很难从根本上摆脱封建官僚制度的束缚。电报总局和所有官督商办企业一样，存在旧的管理与制度的束缚。另外，高额的垄断利润使得电报总局丧失了发展的动力，无论是在更新设备还是扩展线路方面，它都表现得比较迟缓。从管理角度来看，电报总局仅在执行层面引入了西方管理制度，增加了考核、奖励和问责等举措，而在上层管理层面仍受到"官"的控制。由清廷直接指派的高层领导者往往缺乏基本的近代企业管理能力和积极性。另外，电报总局对管理者的责权划分不清，他们对电报总局的盈亏不负或基本不负责任。各种因素相结合，使得电报总局很难由运营商向制造商方向拓展。

电报技术转移和电报总局的创办带来了市场经济的因素，而这种新的经济成分却是传统经济和封建政治制度所排斥的。封建统治者引进先进技术的主要目的是维护王朝的地位和基本秩序。清廷肯定了电报在军事上的作用，但并不关心电报产业巨大的经济价值。政府在很大程度上控制着技术转移的广度和深度，主要着眼于军事技术转移。以军事为目的技术转移往往发生在一些相对封闭的机构。例如，李鸿章设立的江南机器制造总局，左宗棠创办的福州船政局，崇厚建立的天津机器局等。在这种环境下，技术转移很难向其他区域扩展，对整体工业水平影响不太大。

综上所述，晚清时期只完成部分电报技术转移，即非完全本土化的技术转移（图 7-1）。

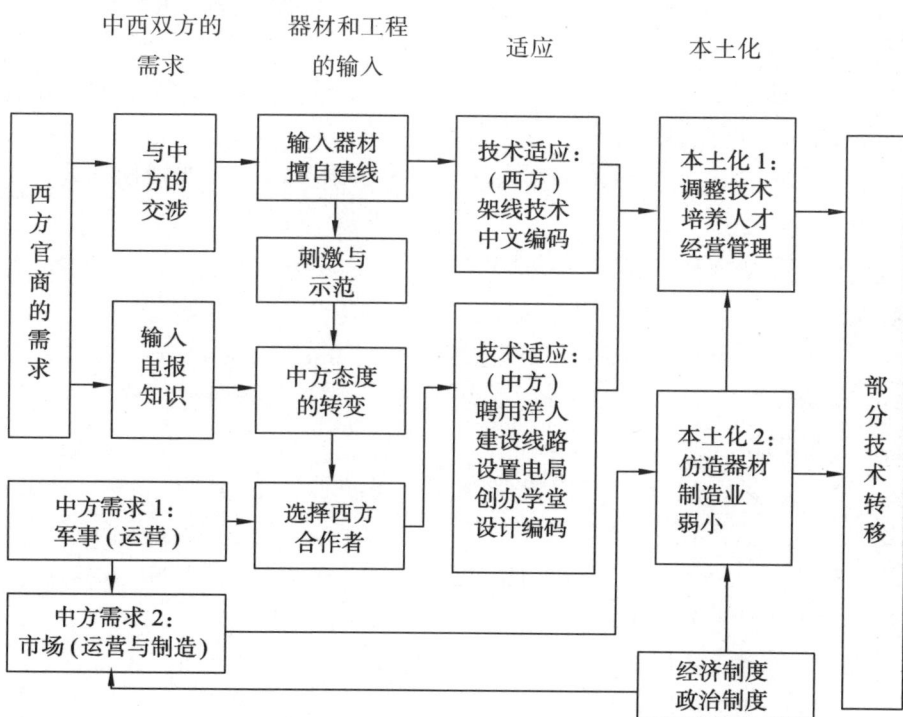

图 7-1　晚清电报技术转移模式

参考文献

[1] 刘广生. 中国古代邮驿史 [M]. 北京：人民邮电出版社，1986.

[2] 熊月之. 西学东渐与晚清社会 [M]. 上海：上海人民出版社，1994.

[3] 丹麦大北公司史略. 中国电信上海公司档案室. 大北档案：一类 265.

[4] AHVENAINEN J. The far eastern telegraphs [M]. Helsink：Suomalainen Tiedeakatemia，1981.

[5] 外滩 7 号上海新电报站房屋资料. 中国电信上海公司档案室. 大北档案：秘 1202.

[6] 致交通部资料. 中国电信上海公司档案室. 大北档案：翻译 A265.

[7] The Great Northern Telegraph Co. and The Eastern Extersion，Australasia & China Telegraph Co.. 中国电信上海公司档案室. 大北档案：二类 337.

[8] "中央"研究院近代史研究所. 海防档：丁 电线 [M]. 台北："中央"研究院近代史研究所，1957.

[9] 筹办夷务始末：同治朝 四 [M]. 北京：中华书局，2008：1664.

[10] 筹办夷务始末：同治朝 五 [M]. 北京：中华书局，2008.

[11] 筹办夷务始末：同治朝 六 [M]. 北京：中华书局，2008.

[12] 吕实强. 丁日昌与自强运动 [M]. 台北："中央"研究院近代史研究所，1972.

[13] 1924 年大东公司备忘录. 中国电信上海公司档案室. 大北档案：

翻译 5.

[14] 雷诺致默特霍斯脱函. 中国电信上海公司档案室. 大北档案：翻译 A1022-9.

[15] BAARK E. Lightning wires：the telegraph and China's technological modernization，1860—1890 [M]. London：Greenwood Press，1997.

[16] 1873 年 9 月 30 日上海首席领事复道台函. 中国电信上海公司档案室. 大北档案：翻译 3.

[17] 大北、大东电报公司与中国及有关方面的交涉文件. 中国电信上海公司档案室. 大北档案：翻译 5.

[18] 中国史学会. 中国近代史资料丛刊：洋务运动 六 [M]. 上海：上海书店出版社，2000.

[19] 文松. 近代中国海关洋员概述——以五任总税务司为主 [M]. 北京：中国海关出版社，2006：371—375.

[20] 同治十三年五月初三英法德美照会中国通商总局函. 中国电信上海公司档案室. 大北档案：二类 745.

[21] 同治十三年六月十二日美国领事转达设立福厦电线三项条件函. 中国电信上海公司档案室. 大北档案：二类 745.

[22] 福厦电报六项协议. 中国电信上海公司档案室. 大北档案：二类 745.

[23] 牛贯杰. 电报在近代中国的命运 [J]. 寻根，2003 (5)：48.

[24] 同治十三年七月初十通商总局至美国领事函. 中国电信上海公司档案室. 大北档案：二类 745.

[25] COOLEY J C. T. F. Wade in China，pioneer in global diplomacy，1842—1882 [M]. Leiden：The Netherlands，1981：99.

[26] 同治十三年八月十九日通商总局致美国领事函. 中国电信上海公司档案室. 大北档案：二类 745.

[27] 同治十三年九月初四通商总局致美国领事函. 中国电信上海公司档案室. 大北档案：二类 745.

[28] 同治十三年九月二十九日通商总局致美国领事函. 中国电信上海公司档案室. 大北档案：二类 745.

[29] 同治甲戌年腊月十二日通商总局公告. 中国电信上海公司档案室. 大北档案：二类 745.

［30］福厦电报购回合同. 中国电信上海公司档案室. 大北档案：二类 745.

［31］光绪元年七月二十一日通商总局致大北公司函. 中国电信上海公司档案室. 大北档案：二类 745.

［32］光绪元年九月九日大北公司总办何士克致通商总局函. 中国电信上海公司档案室. 大北档案：二类 745.

［33］大北公司电报损害情况. 中国电信上海公司档案室. 大北档案：二类 745.

［34］光绪元年十月二十二日大北公司总办何士克致通商总局函. 中国电信上海公司档案室. 大北档案：二类 745.

［35］光绪元年十二月十二日大北公司致通商总局函. 中国电信上海公司档案室. 大北档案：二类 745.

［36］合同条款. 中国电信上海公司档案室. 大北档案：二类 745.

［37］中国史学会. 中国近代史资料丛刊：洋务运动 八 ［M］. 上海：上海书店出版社，2000.

［38］吴汝纶. 李文忠公朋僚函稿：卷十七 ［M］. 台北：文海出版社，1967.

［39］马士. 中华帝国对外关系史：卷二 ［M］. 上海：上海书店出版社，2006：370.

［40］夏东元. 盛宣怀年谱长编 ［M］. 上海：上海交通大学出版社，2004.

［41］邮电史编辑室. 中国近代邮电史 ［M］. 北京：人民邮电出版社，1984.

［42］谢彬. 中国邮电航空史 ［M］. 上海：中华书局，1928.

［43］中国社会科学院近代史研究所翻译室. 近代来华外国人名辞典 ［M］. 北京：中国社会科学出版社，1981：302.

［44］牛亚华，冯立升. 近代第一部电磁学著作——《电气通标》［J］. 物理学丛刊，1996.

［45］电学. 国家图书馆—古籍馆，7369：6.

［46］电学纲目：第十九章. 国家图书馆—古籍馆，7369：6.

［47］电学图说：第四卷 论电报. 国家图书馆—古籍馆，科 340/9958.

［48］顾永杰. 晚清有线电报技术的引进和发展 ［D］. 呼和浩特：内

蒙古师范大学，2007：19.

[49] 斌椿. 乘槎笔记 [M]. 长沙：湖南人民出版社，1981：21.

[50] 张德彝. 航海述奇 [M]. 长沙：湖南人民出版社，1981.

[51] 志刚. 出使泰西记 [M]. 长沙：湖南人民出版社，1981：72.

[52] 王韬. 漫游随录 [M]. 长沙：湖南人民出版社，1982：113.

[53] 王韬. 韬园文录外编 [M]. 上海：上海书店出版社，2002：61.

[54] 祁兆熙. 游美洲日记 [M]. 长沙：岳麓书社，1985：59.

[55] 马尾电报购回合同. 中国电信上海公司档案室. 大北档案：二类 745.

[56] 福厦电报合同. 中国电信上海公司档案室. 大北档案：二类 745.

[57] 津沪电报合同. 中国电信上海公司档案室. 大北档案：杂 247.

[58] Cable between Denmark and England. 中国电信上海公司档案室. 大北档案：秘 779.

[59] 华士鉴. 莫尔斯电报机 [M]. 北京：人民邮电出版社，1957.

[60] 大美百科全书编辑部. 大美百科全书：第 26 册 [M]. 台北：光复书局，1990：270.

[61] 密码簿. 中国电信上海公司档案室. 大北档案：一类 26.

[62] 戈登 J S. 疯狂的投资——跨越大西洋电缆的商业传奇 [M]. 北京：中信出版社，2007：1.

[63] 国家图书馆古籍馆. 近代统计资料丛刊：第 35 册 [M]. 北京：北京燕山出版社，2007：30.

[64] 大北公司电缆产品手册. 中国电信上海公司档案室. 大北档案：秘 894.

[65] 中国矿床发现史综合卷编委会. 中国矿床发现史：综合卷 [M]. 北京：地质出版社，2001：44.

[66] 张柏春. 民国时期机电技术 [M]. 长沙：湖南教育出版社，2009.

[67] 叶宁. 威基谒和《电报新书》[J]. 上海邮集，2004（11）.

[68] 张德彝. 随使法国记 [M]. 长沙：湖南人民出版社，1982.

[69] 庞九洋. 怎样架设飞线 [M]. 北京：人民邮电出版社，1982：1.

[70] 上海市长途电信局史志办公室. 创建津沪电报电缆资料汇

编. 1990.

[71] 吴伦霓霞，王尔敏. 盛宣怀实业函电稿：上 [M]. 台北："中央"研究院近代史研究所，2005.

[72] 曾纪泽，李凤苞. 使德日记，使西日记：外一种 [M]. 长沙：湖南人民出版社，1981：20—21.

[73] 郑观应. 盛世危言后编：三 [M]. 台北：台湾大通书局，1968.

[74] 高时良，黄仁贤. 中国近代教育史资料汇编：洋务运动时期教育 [M]. 上海：上海教育出版社，2007：566.

[75] 中国史学会. 中国近代史资料丛刊：洋务运动 二 [M]. 上海：上海书店出版社，2000.

[76] 徐飞，峁诗珍. 留美幼童与中国电信的早期发展 [J]. 中国科技论坛，2005（3）.

[77] 钱刚，胡劲草. 大清留美幼童记 [M]. 北京：中华书局，2003：77.

[78] 吴霞修，王钟琦. 宝山县再续志：一 [M]. 上海：上海书店，1991：384.

[79] 峁师珍. 留美幼童对近代中国科技发展的影响 [D]. 合肥：中国科学技术大学，2005：43.

[80] 易惠莉. 郑观应评传 [M]. 南京：南京大学出版社，1998：283.

[81]《上海邮电志》编委会. 上海邮电志 [M]. 上海：上海社会科学院出版社. 1999.

[82] 中国电报局津沪线管理条例. 中国电信上海公司档案室. 大北档案：秘 1233.

[83] 周建波. 洋务运动与中国早期现代化思想 [M]. 济南：山东人民出版社，2001.

[84] 费维恺. 中国早期工业化：盛宣怀（1844—1916）和官督商办企业 [M]. 虞和平，译. 北京：中国社会科学出版社，1990.

[85] 王培. 晚清企业纪事 [M]. 北京：中国文史出版社，1997：277.

[86] 上海大北电报公司人事记录簿. 中国电信上海公司档案室. 大北档案：二类 273.

[87] 夏东元. 盛宣怀传 [M]. 上海：上海交通大学出版社，2007.

[88] 刘圣宜. 近代强国之路的探索者——郑观应 [M]. 广州：广东

人民出版社，2006.

［89］1912 年大北公司产品宣传手册. 中国电信上海公司档案室. 大北档案：秘 900.

［90］机械售给中国局情况. 中国电信上海公司档案室. 大北档案：秘 768.

［91］"中央"研究院近代史研究所. 海防档：丙 机器局［M］. 台北："中央"研究院近代史研究所，1957：5.

［92］郑曦原. 帝国的回忆：《纽约时报》晚清观察记 1854—1911 上册［M］. 北京：当代中国出版社，2011：26.

［93］1876 年 10 月 3 日雷诺给上海领事麦华陀的信. 中国电信上海公司档案室. 大北档案：翻译 14.

［94］BRDSGAARD K E. China and Denmark relations since 1674［M］. Denmark：Nordic Institute of Asian Studies，2000：145.

［95］夏东元. 郑观应传［M］. 上海：华东师范大学出版社，1985.

致　谢

本书是在张柏春研究员的悉心指导下，在中国科学院知识创新工程项目"中外科学技术发展比较研究"的支持下完成的。

2007 年，我在袁江洋研究员的鼓励下，考入中国科学院自然科学史所，师从张柏春研究员，开始研究晚清电报技术史。2008 年暑假，在中国电信集团北方电信有限公司胡静余总经理的帮助下，顺利前往上海查找珍贵的大北电报公司档案。在查阅资料期间，得到中国电信上海公司档案室各位老师的极大帮助。负责历史档案的缪济昇老师不辞辛苦地帮助提调上百册的档案。在离开上海时，缪老师还赠送了几本有关电报的资料。

在自然科学史研究所就读期间，我得到许多老师和同学的帮助。在此，表示诚挚谢意！

最后，感谢家人对我的支持和关爱！

李　雪

2011 年 2 月

图书在版编目(CIP)数据

晚清西方电报技术向中国的转移/李雪著. —济南：
山东教育出版社,2013
(技术转移与技术创新历史丛书/张柏春主编)
ISBN 978-7-5328-8159-8

Ⅰ.①晚… Ⅱ.①李… Ⅲ.①电报—技术引进—
技术史—中国—清后期 Ⅳ.①F632.9

中国版本图书馆 CIP 数据核字(2013)第 226643 号

技术转移与技术创新历史丛书

晚清西方电报技术向中国的转移

李雪 著

主　　管：山东出版传媒股份有限公司
出 版 者：山东教育出版社
　　　　　(济南市纬一路 321 号　邮编:250001)
电　　话：(0531)82092664　传真:(0531)82092625
网　　址：http://www.sjs.com.cn
发 行 者：山东教育出版社
印　　刷：山东新华印务有限责任公司
版　　次：2013 年 9 月第 1 版第 1 次印刷
规　　格：787mm×1092mm　16 开本
印　　张：12.5 印张
字　　数：205 千字
书　　号：ISBN 978-7-5328-8159-8
定　　价：38.00 元

(如印装质量有问题,请与印刷厂联系调换)
印厂电话:0531-82079112